History Proves
역사는 하나님을 증거한다

(유)밀스톤은
첫째로 다음 세대에게 올바른 신앙 유산을 물려주고
둘째로 문서와 방송 콘텐츠를 제작하고 보급함으로 예수그리스도의 복음을 전하며
셋째로 교사 세미나와 성경적 부모 세미나를 개최함으로 믿음의 가정을 세울수 있도록 돕는
선교단체로서의 사명을 가지고 일합니다.

(유)밀스톤의 출판부는 가장 작은자를 사랑으로 섬기며
오직 예수 그리스도의 영광을 위하여 지상목표를 수행하는데 목적을 두고 있습니다.

그가 이 작은 자 중의 하나를 실족하게 할진대
차라리 연자맷돌이 그 목에 매여 바다에 던져지는 것이 나으리라
(누가복음 17장 2절)

Edition Copyright ⓒ 2014 by Millstone

이 출판물은 저작권법에 의해 보호를 받는 저작물이므로 무단 전제와 무단 복제를 할 수 없습니다.

ISBN 979-11-979121-2-2

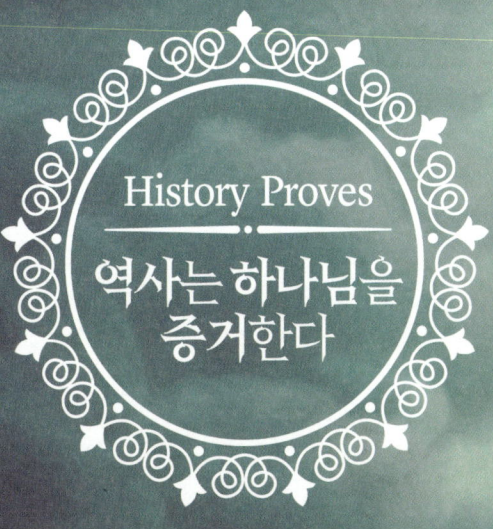

History Proves
역사는 하나님을 증거한다

저 자 김종만

"이제 일이 일어나기 전에
너희에게 말한 것은 일이 일어날 때에
너희로 믿게 하려 함이라"
(요한복음 14:29)

머리말

세상에는 여러 종교가 있고 그 종교에서 섬기는 신들이 많은데 왜 성경의 하나님만이 참된 신일까? 왜 성경 말씀만이 진리일까? 어떻게 이것을 확신할 수 있을까? 하나님은 장차 될 일을 말하는 예언과 지나간 사건에 대한 기록인 역사를 통해서 이 질문들에 대한 해답을 주십니다. 성경 예언과 역사를 연구해보면 확실한 결론에 도달하게 될 것입니다.

성경과 세계사를 배우면서 "역사가 하나님을 증거한다"는 사실을 너무나도 분명하게 깨닫게 됩니다. 성경은 수백 년이나 수천 년 전에 앞으로 일어날 일들에 대해 구체적으로 예언하고 있으며 그 예언들이 글자 그대로 성취된 유일한 책입니다. 예언한 시점이 그 사건이 성취된 시점보다 훨씬 오래전일 뿐만 아니라 예언의 내용이 너무나도 자세하기에 단지 우연으로 성취되었다고 할 수 없습니다. 그리고 이 예언들은 하나님을 믿지 않거나 그 예언을 모르는 사람들에 의해서도 성취되었습니다. 심지어는 예언이 성취되지 못하도록 필사적으로 방해한 사람들에 의해 성취되기도 하였습니다. "모든 일을 그의 뜻의 결정대로 일하시는 하나님"은 그 영원한 계획을 이루시기 위해 모든 과정과 사건을 섭리하시고 인도하십니다(에베소서 1:11). 그러므로 이와 같은 예언들을 포함하고 있는 성경은 하나님의 감동하심으로 이루어졌음이 틀림없습니다. 이 놀라운 사실이 저로 하여금 하나님을 향하여 살아가게 만들었습니다.

주 예수님께서는 이렇게 말씀하셨습니다. "이제 일이 일어나기 전에 너희에게 말한 것은 일이 일어날 때에 너희로 믿게 하려 함이라"(요한복음 14:29). 이 책을 읽으시는 독자들도 성경의 예언들을 통해서 살아계시며 참되신 하나님과 우리 구주 예수 그리스도를 만나게 되시기를 바랍니다. 하나님은 예수 그리스도의 죽으심과 부활을 통해서 위대한 구원 사역을 이루셨습니다. 이 예수 그리스도를 믿는 사람은 죄 사함을 받고 만물의 창조주이시자 거룩한 심판자이신 하나님 앞에서 의롭다고 인정을 받게 됩니다. 이 놀라운 하나님의 은혜가 이 책을 읽는 독자에게 임하길 소원합니다.

처음부터 탈고할 때까지 교정을 해주시고 더 나은 책이 되도록 여러 제안을 해주신 기선주 자매님과 김여정 자매님께 감사를 드립니다. 묵묵히 남편이 가는 길을 지지해주고 조언해주는 사랑하는 아내와 어느새 성장해서 친밀한 교제를 나누고 서로를 위해 기도하며 돕는 명준, 명훈, 그리고 사랑스런 혜원이에게 감사의 마음을 전하고 싶습니다.

2024년 1월

저자 김 종 만

추천의 글

❖

저자 김종만 박사는 대학에서 신경과학과 물리치료학을 가르치는 교수로서 존경을 받았습니다. 특히 "창조냐 진화냐"라는 과목을 가르치는 교수로서 정연한 논리로 창조를 증명하고 있을 뿐만 아니라 CTI(Christian Training Institute)에서는 "왜 기독교일 수밖에 없는가?"에 대해 실감 있게 강의하고 있습니다. 또한 다음 세대를 위한 "창조과학 스쿨"을 통해 창조자를 믿을 수밖에 없는 이유를 조목조목 가르치고 있으며, 강연 기회를 통하여 과학의 시대에도 여전히 철석(鐵石) 같은 신앙의 기초에 대해 역설하고 있습니다.

보통 하나님은 하나님의 일을 하나님의 때에 하나님의 방법으로 성취하심으로 하나님의 하나님 되심을 드러내신다고 말합니다. 하지만 이 말은 '하나님은 하나님만의 일을 하나님만의 때에 하나님만의 방법으로 성취하심으로 하나님의 하나님 되심을 드러내신다'라고 말하는 것이 보다 정확한 표현일 것입니다.

유월절 어린양의 뼈를 꺾지 말라고 하신 말씀이 예언이 되어 유월절 양 잡는 시간에 죽임 당하신 아들 예수 그리스도의 뼈가 꺾이지 않을 것을 누가 연구해서 알아낼 수 있었겠습니까? 왕으로 입성하시기도 해야 하고, 곤욕과 심문을 당하셔야 하고, 범죄자 중 하나로 헤아림을 받지만, 그 묘실이 부자와 함께 하게 하시는 모순된 예언이 예수 그리스도 한 분에게서 문자적으로 이루어지게 하심으로 하나님이 누구를 택하시고 누구를 기뻐하시는지 드러내십니다.

이 예언의 말씀을 읽는 자들과 듣는 자들과 그 가운데 기록한 것을 지키는 자들이 복이 있습니다. 왜냐하면 지금은 예수 그리스도에 대한 모든 예언이 성취되었고 단 하나의 예언이 남아 있는 때이기 때문입니다. 그것은 바로 '보라 내가 속히 오리니 내가 줄 상이 내게 있어 각 사람에게 그가 행한 대로 갚아 주리라'(요한계시록 22:10)입니다. 불가능해 보이는 수많은 예언들이 성취되는 것의 이면에는 주님께서 하신 말씀이 반드시 이루어지리라고 믿은 복된 사람들이 있었습니다. 한 번뿐인 생애를 믿음 없는 자들이 불가능하다고 말하는 일에 드리기로 작정한 성도들에게 하나님께서 이 책을 통해 격려하시고 힘 주실 것입니다. 마라나타

前 엠마오성경학교 교장 및 서대문교회 목회자 **송 찬 호**

목차

1장. 예언이란? · 15

　　성경의 예언 · 19
　　사람의 예언 · 21

2장. 두로의 멸망에 대한 예언 · 27

　　예언의 내용 · 38
　　역사적 성취 · 39

3장. 페르시아 제국의 고레스 왕에 대한 예언 · 51

　　예언의 내용 · 57
　　역사적 성취 · 59
　　고레스의 바벨론 성 정복 · 66

4장. 그리스 제국의 알렉산드로스 왕에 대한 예언 · 77

　　다니엘서 2장에 예언된 알렉산드로스 · 81
　　다니엘서 7장에 예언된 알렉산드로스 · 83
　　다니엘서 8장에 예언된 알렉산드로스 · 87
　　다니엘서 11장에 예언된 알렉산드로스 · 92

5장. 다니엘의 칠십 이레 예언 · 97

    70이레 예언의 성취 대상과 목적 · 104
    70이레 예언의 성취 시점 · 106
    70이레의 의미 · 107
    70이레의 네 기간 · 112
    70이레의 출발점 · 113
    69이레가 성취된 시점 · 119
    69이레 이후 그리스도의 죽음 · 124
    예수 그리스도의 십자가의 연대 · 128
    예루살렘 성과 성전의 파괴 · 140
    마지막 70번째 이레 · 144
    믿는 자들의 휴거가 정말 있을까? · 152
    믿는 자들의 휴거는 언제 일어날까? · 154
    우리가 사는 오늘날은? · 156
    예언의 완전한 성취 · 163

6장. 성경과 세계정세로 보는 주님의 재림 · 167

    지금 이 시대를 분별하라 · 171
    주님의 재림과 환난기의 시작을 알리는 징조들 · 172
    거짓 그리스도들의 등장 · 174
    전쟁과 분쟁의 소식 · 174
    세계적 기근 · 175
    세계적 지진 · 177
    세계적 전염병 · 179
    과학자들도 지구 종말 가능성을 경고하고 있다! · 180
    이스라엘을 대적하는 곡과 마곡의 전쟁 · 181

7장. 예수님이 하신 예언 · 187

　예수님은 자신을 누구라고 증거하고 있을까? · 189
　예루살렘과 성전의 파괴에 대한 예언 · 192
　열방에 흩어짐 · 204
　이스라엘의 독립 · 207

8장. 예수 그리스도에 대한 예언 · 217

　유일하신 그리스도 예수님 · 223
　예언의 성취는 우연인가? · 229

9장. 예수 그리스도, 위대한 사랑 · 241

1장

예언이란?

1장

예언이란?

"하나님은 존재하시는가?"

"하나님은 어떤 분이신가?"

이것은 인생에게 있어서 가장 근본적이고 중요한 질문입니다. 문화인류학자들은 옷을 입지 않고 살거나 문자가 없는 종족은 있더라도 신의 개념이 없는 종족은 없다고 말합니다. 그럼에도 불구하고 어느 시대를 막론하고 자신들이 신의 존재를 믿을 만큼 어리석지 않다고 생각하는 사람들은 항상 있어 왔습니다. 심지어 어떤 사람들은 교회를 다니면서도 하나님께서 살아계시다는 사실을 분명하게 알지 못하고 이름뿐인 기독교인으로 살아가는 사람들도 있습니다. 그런 사람들은 비록 교회를 다니고 있기 때문에 교인이라고는 할 수 있지만, 여전히 무신론자로서 하나님 없는 삶을 살아가고 있는 것입니다.

성경은 하나님께서 존재하실 뿐만 아니라 살아 계셔서 각 사람을 돌보시고, 세계 역사를 주관하시는 창조주시며, 천지의 주권자(통치자)라고 말씀하십니다. 성경은 하나님이 계시다는 것과 하나님이 어떤 분이시라는 것을 하나님께서 만드신 만물과 인간의 이성을 통해서 우리에게 보여 주었고 알게 하셨다고 말씀하고 있습니다. 이러한 증거들은 사람들이 하나님의 존재에 대하여 핑계할 수 없게 한 것입니다(로마서 1:19~20). 더 나아가서 우리는, 존재하실 뿐만 아니라 살아계시고, 살아계실 뿐만 아니라 지금도 세상 역사를 주관하시며 자신의 뜻을 이루시는 하나님을 '성경과 역사'를 통해서 볼 수 있습니다.

성경은 "모든 성경이 하나님의 감동하심으로" 기록된 "하나님의 말씀"이라고 말하고 있습니다(디모데후서 3:16). 성경의 일부만 하나님의 말씀이 아니라 모든 성경이, 성경 전체가 하나님의 감동하심으로 기록된 "하나님의 말씀"이라고 말하는 것입니다. 사실 성경을 자세히 읽어보면 1,600년 동안 성경을 기록한 40여 명의 기록자들 모두가 그렇게 말하고 있는 것을 알 수 있습니다. 모든 성경이 하나님의 말씀이라는 것은 성경은 완전히 진실하다는 것입니다. 만일 성경의 극히 일부라도 거짓이 발견된다면 성경이 "하나님의 말씀"일 수 없다는 말입니다. 그렇다면 성경이 하나님의 말씀이라는 것을 어떻게 알 수 있을까요?

　성경에는 많은 예언들이 기록되어 있습니다. 미래에 일어날 일들을 말하고 있는 그 예언들이 역사 속에서 한 치의 오차도 없이 정확하게 성취되고 있습니다. 이것을 우리는 성경과 역사를 통해서 확인해 볼 수 있습니다. 성경 예언이 앞으로 일어날 미래의 사건들을 정확하게 예언하였다면 그것은 성경의 예언들이 인간의 지식과 지혜에서 나온 것이 아니라 오직 이 세상을 창조하시고, 역사를 주관하시고 다스리시는 하나님께로부터 나온 것이라고 말할 수밖에 없습니다. 결국 성경의 예언을 통해 성경이 하나님의 말씀이라는 것을 깨닫고 믿게 될 것입니다. 그리고 성경 전체가 오류가 없는 하나님의 말씀이라는 것을 알게 된다면 우리는 하나님을 믿어야 하며 그 하나님의 말씀에 순종하는 것이 사람의 당연한 본분이라는 것을 분명히 깨닫게 될 것입니다.

성경의 예언

　세상에는 많은 종교와 신이 있습니다. 그런데 왜 하나님만을 믿어야 할

까요? 성경은 오직 하나님만이 참된 신이라고 말씀하고 있기 때문입니다. 왜 하나님의 아들이신 예수님을 믿어야만 구원받는가요? 부처나 마호메트는 안 되는가요?

다른 이로써는 구원을 받을 수 없나니 천하 사람 중에 구원을 받을 만한 다른 이름을 우리에게 주신 일이 없음이라 하였더라 (사도행전 4:12)

성경은 예수님 이외에는 세상 어떤 사람을 통해서도 구원을 받을 만한 다른 사람을 주신 일이 없다고 선언하고 있습니다.

21 나 여호와가 말하노니 너희 우상들은 소송하라 야곱의 왕이 말하노니 너희는 확실한 증거를 보이라 22 장차 당할 일을 우리에게 진술하라 또 이전 일이 어떠한 것도 알게 하라 우리가 마음에 두고 그 결말을 알아보리라 혹 앞으로 올 일을 듣게 하며 23 뒤에 올 일을 알게 하라 그리하면 너희가 신들인 줄 우리가 알리라 또 복을 내리든지 재난을 내리든지 하라 우리가 함께 보고 놀라리라 24 보라 너희는 아무것도 아니며 너희 일은 허망하며 너희를 택한 자는 가증하니라 (이사야 41장)

하나님께서 택하신 이스라엘 백성들은 하나님을 섬기면서 또한 많은 우상들과 신들도 함께 섬겼습니다. 그래서 하나님께서는 너희가 섬기는 우상이 참된 신이라면 법정 재판을 열어보자고 이스라엘 백성들에게 제안하셨습니다. 법정 소송에서 이기려면 확실한 증거가 있어야 합니다. 어떤 신이 참된 신이라면 그가 "장차 당할 일"과 "앞으로의 올 일"을 말할 수 있어야 합니다. 그렇습니다. 세상을 창조하시고 세상 역사를 주관하고 다스리시는 신이라면 미래의 일을 예언할 수 있어야 하고, 그 예언들이 역사적으로 성취되어야 합니다. 따라서 예언이 정확한지, 참으로 미래의 일을 말했는지는 그 예언이 역사적으로 성취되었는지를 통해 확인할 수 있다는 것입니다.

사람의 예언

어떤 사람들은 성경의 예언이 역사적으로 성취된 것을 이야기하면 인간 예언자들도 예언하고 정확히 맞추는 것을 보는데, 왜 그리 호들갑을 떠느냐고 반문합니다. 예를 들면 아주 유명한 인간 예언자 중에 진 딕슨(Jean Dixon)이라는 사람이 있습니다. 이 사람은 케네디가 미국 대통령에 당선될 것을 예언했습니다. 그녀는 케네디가 대통령이 될 뿐만 아니라 대통령 재임 중에 사망할 것을 예언했습니다. 놀라운 것은 이 예언이 그대로 성취되었다는 것입니다.

이제 이 예언이 성취될 가능성을 살펴보겠습니다. 케네디가 대통령이 될 확률은 우연히 맞출 가능성이 있습니다. 대부분은 공화당이나 민주당의 후보가 당선되기 때문입니다. 그런데 그가 당선되었다가 집권 중에 사망할 확률은 우연히 맞추기가 쉽지 않을 것입니다. 그렇지만 미국 역사를 살펴보면 대통령 10명 중 3명이 재임 중에 사망하였으며, 10명 중 2명은 임기 말에 중병을 앓았습니다. 이런 가능성을 따져보면 이 예언은 우연히 맞출 가능성이 꽤 높습니다. 어쨌든 진 딕슨은 이 예언으로 일약 유명세를 타게 되었습니다.

그런데 진 딕슨이 오직 이 한 가지 예언만을 했을까요? 그녀는 직업이 예언가이기 때문에 수많은 예언을 하였습니다. 그런데 그 예언들이 모두 적중했을까요? 그녀는 3차 세계대전이 1954년에 일어날 것이라고 예언했습니다. 그런데 3차 세계대전이 일어났습니까? 아직도 일어나지 않았습니다. 또한, 케네디 대통령의 아내 재클린이 절대 재혼하지 않을 것이라고 예언했는데, 바로 그 다음 날 전격적으로 재혼하였습니다. 그녀의 예언이 24시간도 안 되어 틀렸음이 밝혀진 것입니다. 베트남 전쟁이 1966년에 끝날 것이라고 예언했지만, 실제로는 1975년에 끝났습니다. 인간 예언자들은 가끔 우연히 맞출 가능성이 꽤 높은 것을 예언을 해서 맞추기도 합니다. 그렇게 한두 개의 예언이 들어맞았다고 많은 사람이 요란하게 환호하지만, 적중한 예언 뒤에 있는 무수히 틀린 예언들에 대해서는 한 번도 말하지 않습니다.

미국 템플대학교 수학과 교수인 존 앨런 파울로스(John Allen Paulos)가 인간 예언자에 대해 다년간 연구한 내용을 발표했습니다.

"인간 예언자가 적중하지 못한 예언들은 쉽게 잊어버리거나 무시하면서도, 몇 개 안되는 비슷하게 근접한 예언에 대해서는 과대 선전하는 경향을 일반 사람들뿐만 아니라 대중 언론들도 가지고 있다." [1]

파울로스 교수는 이런 경향을 "진 딕슨 효과"라고 불렀습니다.

---

1) 존 앨런 파울로스. 숫자에 약한 사람들을 위한 우아한 생존 매뉴얼. 출판사 동아시아, 2008.

이제 성경의 예언을 살펴보겠습니다. 성경 기록 중 3분의 1 분량이 예언으로 되어 있습니다. 예언(預言)은 미래의 사건을 미리 말하는 것입니다. 사건이 아직 발생하지 않았는데 하나님께서 선지자들을 통해서 앞으로 어떤 일이 일어날 것인지를 미리 말씀해 주신 것입니다.

20 먼저 알 것은 성경의 모든 예언은 사사로이 풀 것이 아니니 21 예언은 언제든지 사람의 뜻으로 낸 것이 아니요 오직 성령의 감동하심을 받은 사람들이 하나님께 받아 말한 것임이라 (베드로후서 1장)

성경의 모든 예언은 선지자들이 하나님께 받아 말한 것이기 때문에 실제로는 하나님께서 하신 것입니다. 만약 성경의 예언 중 단 하나라도 절대적으로 틀렸다는 것이 역사적으로 증명된다면 우리는 성경을 하나님의 말씀으로 믿기 어려울 것입니다. 그러나 성경의 예언이 역사적으로 그대로 성취된다면 성경이 하나님의 말씀임을 믿을 수밖에 없고, 하나님께서 세상을 창조하시고 그의 뜻대로 역사를 운행하시고 주관하시는 것을 인정할 수밖에 없습니다.

성경의 예언 중에 많은 것들이 이미 성취되었고, 어떤 예언들은 현재 성

선지자들은 하나님께서 자기들을 움직이시는 대로 기록하였다
(Harry Anderson이 그린 'The prophet Isaiah writing of Christ's birth')

취되어가고 있으며 아직 성취되지 않은 미래의 것들이 있습니다. 성경학자들은 이미 성경 예언의 68%가 역사적으로 성취되었고, 아직 32%가 성취되지 않았다고 합니다. 아직 성취되지 않은 예언들은 인류 종말에 관한 것들입니다. 이 예언들은 현재 이루어져 가고 있는 중입니다. 그러나 성경의 예언 중에 많은 부분들이 이미 역사적으로 성취되었기 때문에 성경 예언들이 어떻게 성취되었는지 역사적으로 검증을 할 수 있습니다.

2장

두로의 멸망에 대한 예언

두로의 멸망에 대한 예언

우리는 지금 발전된 고고학과 충분하게 밝혀진 역사 자료들을 통해서 성경의 예언들을 검증할 수 있는 시대를 살고 있습니다. 수많은 성경 예언은 성경에 기록된 문자 그대로 역사적으로 성취되었습니다. 그중에서도 특히 놀랍고 검증 가능한 예언을 살펴보겠습니다. BC 590년경에 기록된 에스겔서는 고대의 강력한 도시국가 두로(Tyre, 티레)의 멸망을 예언하였습니다.

두로는 고대 페니키아 제국(성경, 베니게)에서 가장 번성한 도시국가였습니다. 두로는 지중해 입구에 있었고 두로섬을 갖고 있어서 많은 섬과 교역할 수 있는 좋은 조건을 갖추고 있었습니다(에스겔 27:3). 또한, 여러

두로는 지중해 동해안에 있는 고대 페니키아 제국의 유명한 도시이며, 이스라엘에서 약 24km 북쪽에 위치한다.

나라에서 들여온 원자재를 이용하여 튼튼하고 아름다운 선박을 만들었습니다(에스겔 27:4~7). 우선 스닐산의 잣나무로 선체를 만들고, 레바논의 길고 튼튼한 백향목으로 돛대를 만들었습니다. 바산의 상수리나무로 노를 만들고, 키프로스 섬에서 가져온 회양목에 상아로 장식하여 아름다운 갑판을 만들었습니다. 돛은 고운 수가 놓인 이집트의 모시로 만들었고, 차양은 엘리사섬의 청색 천과 자색 천으로 장식했습니다.

앗시리아 제국의 산헤립 왕이 건설한 니느웨 궁전 벽에 새겨진 두로의 전함
(BC 700. 대영박물관 소장)

두로의 전함이 새겨져 있는 동전

조선 기술자뿐만 아니라 배를 운영하고 수리하는 기술자들도 페니키아 제국의 전문가들로 구성되었습니다(에스겔 27:8~9). 선원은 시돈과 아르왓 사람들로, 항해사는 두로 사람들로, 선박을 수리하는 조선공은 그발 사람들 중에서 전문가들을 고용하였습니다. 두로는 해상 무역을 통해서 축적한 엄청난 부를 사용하여 아르왓과 가맛에 있는 페니키아 사람들뿐만 아니라 페르시아와 리디아와 리비아 사람들을 용병으로 고용하여 자국민을 보호하도록 하였습니다(에스겔 27:10~11).

두로가 거래했던 무역 국가와 품목은 실로 엄청났습니다(에스겔 27:12~25). 오늘날 스페인이 위치한 다시스와는 금속과 철강류를, 현재 그리스가 위치한 야완, 두발, 메섹과는 노예와 놋그릇을, 터키 동부지역으로 알려진 도갈마와는 말과 군마와 노새를, 아라비아 반도의 남부 지역인 드단과는 상아와 박달나무를, 아람과는 보석류와 의류를, 유다와 이스라엘과는 밀과 기름과 유향을, 다메섹과는 포도주와 양털을, 워단과 야완과는 철과 계피와 창포를, 드단과는 안장 담요를, 아라비아와 게달과는 양과 염소를, 스바와 라아마와는 고급 향료와 보석과 금을, 하란과 간네와 에덴과 스바와 앗수르와 길맛과는 의류와 수예품을 거래하였습니다. 두로는 지중해 연안과 메소포타미아 지역까지 드넓은 해상 무역을 통해 막

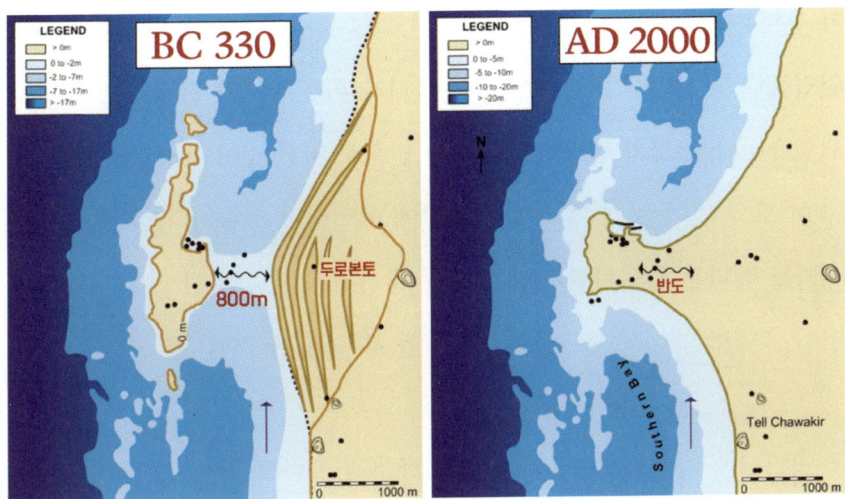

알렉산더가 페르시아 제국을 정복할 당시(BC 330)에는 두로 본토로부터 800m 떨어진 지중해에 두로섬이 있었다. 하지만 오늘날 두로섬은 존재하지 않고 두로 본토와 연결된 반도로 존재한다.[2] 그 이유는 성경 예언의 성취 때문이었다.

대한 부를 얻었고, 이 부를 사용하여 강력한 도시국가를 형성하였습니다.

매우 강성하고 부유했던 두로에 정말로 믿기 힘든 일이 일어났습니다. 그 많은 사람들로 북적거리던 번성한 도시국가가 어느 날 졸지에 잿더미로 변했습니다. 오늘날 그곳은 화려했던 옛 영화는 어디론가 사라지고 마을의 어부들이 그물이나 말리는 어촌으로 전락하였습니다. 또한, 도시국

---

2) Marriner, N., Morhange, C., & Carayon, N. Ancient Tyre and its harbours: 5000 years of human-environment interactions. Journal of Archaeological Science, 35(5), 2008:1281-1310.

가 두로는 두로 본토로부터 800m 정도 떨어진 지중해에 두로섬을 갖고 있었습니다. 그런데 오늘날은 섬이 아니라 두로 본토와 연결된 반도로 바뀌었습니다. 두로가 멸망하고 두로가 반도로 바뀐 것이 우연일까요?

이 모든 것이 성경 에스겔서 26장에 예언되어 있습니다. 우리가 지금이라도 레바논에 위치한 고대 두로를 방문하게 된다면 성경에 나오는 예언이 그대로 역사적으로 성취된 현장을 볼 수 있을 것입니다.

하나님은 두로의 두 가지 죄악에 대하여 심판하시겠다고 말씀하셨습니다.

인자야 두로가 예루살렘에 관하여 이르기를 아하 만민의 문이 깨져서 내게로 돌아왔도다 그가 황폐하였으니 내가 충만함을 얻으리라 하였도다(에스겔 26:2)

두로의 첫 번째 죄악은 악한 마음이었습니다. 두로는 예루살렘이 멸망했다는 소식을 듣고서 기뻐했습니다. 그들이 예루살렘의 멸망을 기뻐한 이유는 유다 왕국이 패망함으로써 지중해 연안에서의 무역과 상업을 독점적으로 장악할 수 있게 되었기 때문입니다. 예루살렘을 가리켜 '만민의 문'이라고 한 것을 보면, 당시 지중해 연안과 중동 지역의 무역에서 유다 왕국이 중요한 위치를 차지하고 있었던 것을 알 수 있습니다. 이런 유다 왕국이 멸망하는 것은 두로에게 있어서 경쟁자가 사라짐으로써 이제는 자기가 번영할 기회라고 생각하여 기뻐하고 있는 것입니다. 타인의 불행을 통해 부를 더 쌓기를 원한 두로의 비열한 태도를 지적하며 선지자는 두로의 멸망을 예언한 것입니다.

두로의 두 번째 죄악은 교만이었습니다.

인자야 너는 두로 왕에게 이르기를 주 여호와께서 이같이 말씀하시되 네 마음이 교만하여 말하기를 나는 신이라 내가 하나님의 자리 곧 바다 가운데에 앉아 있다 하도다 네 마음이 하나님의 마음 같은 체할지라도 너는 사람이요 신이 아니거늘(에스겔 28:2)

두로는 해상 무역을 통해 엄청난 부를 축적하였습니다. 이런 경제력을 바탕으로 강력한 해군을 보유하였고 용병들을 고용하여 국방력에 자신이 있었습니다. 그래서 그들은 당시 강대국이었던 바벨론 제국의 느부갓네살(NebuchadnezzarⅡ, 네부카드네자르 2세)에 의해 주위 대부분의 나라가 멸망하고 있었지만, 자신들만은 안전하다는 교만한 마음을 가졌습니다. 두로는 자신들의 물질적인 부요와 국방력으로 인해 스스로 신이라고 자처하는 등 그 교만이 하늘을 찔렀습니다. 하나님께서는 악하고 교만한 두로를 "내가 이방인 곧 여러 나라의 강포한 자를 거느리고 와서 너를 치게"하겠다고 하셨습니다(에스겔 28:7).

이런 죄악들로 인해 하나님께서는 에스겔 선지자를 통해 두로가 멸망하게 될 것과 다시는 지금과 같이 번성한 도시로 건축되지 못할 것을 예언하셨습니다. 이 성경의 예언은 역사적으로 성취되었을까요? 만약 이 예언이 역사적으로 정확하게 성취되었다면 이것이 우리에게 의미하는 바는 무엇일까요?

3 그러므로 주 여호와께서 이같이 말씀하셨느니라 두로야 내가 너를 대적하여 바다가 그 파도를 굽이치게 함 같이 여러 민족들이 와서 너를 치게 하리니 4 그들이 두로의 성벽을 무너뜨리며 그 망대를 헐 것이요 나도 티끌을 그 위에서 쓸어 버려 맨 바위가 되게 하며 5 바다 가운데에 그물 치는 곳이 되게 하리니 내가 말하였음이라 주 여호와의 말씀이니라 그가 이방의 노략 거리가 될 것이요 6 들에 있는 그의 딸들은 칼에 죽으리니 그들이 나를 여호와인 줄을 알리라 7 주 여호와께서 이같이 말씀하셨느니라

내가 왕들 중의 왕 곧 바벨론의 느부갓네살 왕으로 하여금 북쪽에서 말과 병거와 기병과 군대와 백성의 큰 무리를 거느리고 와서 두로를 치게 할 때에 8 그가 들에 있는 너의 딸들을 칼로 죽이고 너를 치려고 사다리를 세우며 토성을 쌓으며 방패를 갖출 것이며 9 공성퇴를 가지고 네 성을 치며 도끼로 망대를 찍을 것이며 10 말이 많으므로 그 티끌이 너를 가릴 것이며 사람이 무너진 성 구멍으로 들어가는 것 같이 그가 네 성문으로 들어갈 때에 그 기병과 수레와 병거의 소리로 말미암아 네 성곽이 진동할 것이며 11 그가 그 말굽으로 네 모든 거리를 밟을 것이며 칼로 네 백성을 죽일 것이며 네 견고한 석상을 땅에 엎드러뜨릴 것이며 12 (그들이)네[3] 재물을 빼앗을 것이며 (그들이) 네가 무역한 것을 노략할 것이며 (그들이) 네 성을 헐 것이며 네가 기뻐하는 집을 무너뜨릴 것이며 또 (그들이) 네 돌들과 네 재목과 네 흙을 다 물 가운데에 던질 것이라 13 내가 네 노래 소리를 그치게 하며 네 수금 소리를 다시 들리지 않게 하고 14 너를 맨 바위가 되게 한즉 네가 그물 말리는 곳이 되고 다시는 건축되지 못하리니 나 여호와가 말하였음이니라 주 여호와의 말씀이니라 (에스겔 26장)

---

3) 7~11절까지는 '그'는 느부갓네살 왕을 가리킨다. 그러나 12절에는 개역개정역에서는 생략이 되어 있으나 원문에는 복수형 '그들'로 되어 있다. '그들'은 3절의 두로를 침략해 오는 '여러 민족'과 동일하다. NIV 성경본에서도 12절은 'They will plunder your wealth and loot your merchandise; they will break down your walls and demolish your fine houses and throw your stones, timber and rubble into the sea.'

예언의 내용

하나님께서는 에스겔 선지자를 통해 BC 590년경에 두로의 멸망을 예언하였습니다. 에스겔 선지자는 "바다가 그 파도를 굽이치게 함같이 여러 민족이 와서 두로를 치게 하리라"(3절)라고 말씀하였습니다. 이 예언은 우연히 성취될 가능성이 매우 높습니다. 우리나라도 역사적으로 많은 나라와 민족들로부터 침략을 받았기 때문입니다. 대적들이 와서 성벽을 무너뜨리며 그 망대를 헐 것을 예언했는데, 이것 또한 가능성이 있는 것입니다. 그리고 계속해서 바벨론의 느부갓네살 왕이 두로를 칠 것이며 두로의 딸들을 칼로 죽일 것을 예언하고 있습니다. 선지자는 8~11절에 "그"와 "그의" 기병과 수레와 병거 등에 관해 설명을 합니다. 그런데 이 3인칭 단수 대명사가 12절에서 갑자기 "그들"이라는 3인칭 복수형으로 바뀝니다. "그들"은 두로를 치는 여러 민족을 의미합니다. 그러므로 두로는 느부갓네살 왕의 침입을 받을 뿐만 아니라 그 후에 또 다른 민족들의 침입을 받게 될 것을 예언하고 있습니다.

12절에는 "그들이 네 성을 헐 것이며 네 기뻐하는 집을 무너뜨릴 것이며 또 그들이 네 돌들과 네 재목과 네 흙을 다 물 가운데 던질 것이라고" 예언하였습니다. 이것은 참 이상한 예언입니다. 다른 나라가 쳐들어와서 도시를 파괴하고 성을 파괴하고 집을 무너뜨리는 것은 이해가 되지만 돌들과 나무들과 흙을 다 바닷물 속으로 던져 넣는다는 것은 일반적인 일이 아니기 때문입니다. 이 예언을 할 때 두로는 무역이 왕성하고 부유한 도시국가였습니다. 매우 많은 사람이 사는 도시였습니다. 그런데 그러한 두로가 폐허처럼 되고 어부들이 그물을 말리는 한산한 어촌으로 전락할 것과 그때와 같이 강하고 부유한 도시국가로는 다시는 건축되지 못할 것(14절)이라고 하나님께서 예언하신 것입니다. 이것은 그 당시로는 상상할 수도 없는 일이었습니다.

역사적 성취

이 예언이 실제로 성취되었는지를 확인할 수 있을까요? 이 예언은 에스겔이 BC 590년경에 예언했습니다. 그리고 몇 년 뒤에 그 당시의 제일 강대국이었던 바벨론 제국의 느부갓네살 왕이 두로로 쳐들어왔습니다. 느부갓네살 군대는 두로 본토를 13년 동안 포위한 끝에 멸망시켰습니다. 그러나 그때 두로 사람들은 두로 본토에서 800m 떨어져 있는 두로섬으로 이주하였습니다. 두로섬은 튼튼하고 높은 성벽으로 요새화 되어 있었고 바다에는 튼튼한 전함으로 무장한 강력한 해군이 섬을 보호하였습니다. 느부갓네살 왕은 두로 본토를 정벌하는 데 군사력을 소진한 상태여서 두로섬까지는 정복하지 못했습니다. 그 후로 두로는 그 섬에서 번성하여 강대한 도시국가를 유지했습니다. 이때까지만 해도 폐허를 바닷물 속으로 쓸어 넣어 맨 바위같이 할 것이며 다시는 재건이 되지 않을 것이라는 성경 예언은 불발되는 것 같았습니다.

그러나 이 예언은 구약성경의 기록이 BC 400년경에 다 마친 후 등장하는 그리스 제국의 알렉산드로스 대왕(Alexander the Great, 알렉산더)에 의해 문자적으로 성취되게 됩니다.

(그들이) 네 재물을 빼앗을 것이며 (그들이) 네가 무역한 것을 노략할 것이며 (그들이) 네 성을 헐 것이며 네가 기뻐하는 집을 무너뜨릴 것이며 또 (그들이) 네 돌들과 네 재목과 네 흙을 다 물 가운데에 던질 것이라 (에스겔 26:12)

알렉산드로스가 즉위하자마자 그리스 세계 곳곳에서 반란이 일어났습니다. 알렉산드로스는 테베, 아테네, 스파르타가 일으킨 반란을 조기에 진압하는 데 성공하게 됩니다. BC 334년 헬레스폰트 해협(지금의 다다넬스 해협)을 건너 소아시아 땅에 첫발을 내디뎠습니다. 이후 이수스에서 페르시아의 왕 다리우스 3세와 결전을 벌였는데, 이 전투에서 승리함으로써 거대한 페르시아 제국이 멸망의 길을 걷게 됩니다. 알렉산드로스는 도망가는 다리우스 3세를 쫓지 않고 말머리를 이집트로 향했습니다.

그는 이집트로 가기 위해 페니키아 제국의 도시국가인 아라도스, 마라도스, 비블로스, 시돈을 차례대로 정복한 후 페니키아의 가장 강력한 도시국가인 두로의 완강한 저항에 부딪히게 되었습니다. 두로섬은 육지에서 800m 쯤 떨어져 있는데, 성벽의 길이는 1.2km에 달했고 높이가 45m가 넘는 그야말로 바다에 떠 있는 난공불락 요새였습니다.[4]

또한, 두로는 자주색 물감 산업과 조선 산업, 카르타고를 비롯한 중동 각국과 해상 무역으로 경제적인 번영을 이루었습니다. 이 엄청난 경제력으로 용병을 모집하여 강력한 해군과 군대를 가지고 있었습니다. 알렉산드로스는 두로를 반드시 정복해야만 했습니다. 왜냐하면, 두로는 메소포

---

4) 버나드 로 몽고메리(송영조 역). 전쟁의 역사. 출판사 책세상. 2009. p150-153.

타미아, 아라비아, 소아시아, 이집트를 연결하는 교통의 요충지이자 중심 무역항이었을 뿐만 아니라 마케도니아에서 오는 보급로였기 때문이었습니다. 두로를 공격하기 위해 알렉산드로스는 200척의 배와 군인 1만 명을 동원하였습니다. 포위 공격은 BC 332년 1월에 개시되었습니다. 그는 먼저 두로 본토를 완전히 파괴한 후 그곳의 돌과 목재와 흙과 같은 잔해를 죄다 바다에 쏟아 부어 두로섬까지 둑길을 건설하였습니다. 그리고 군대를 보내어 섬의 남쪽 취약한 부분을 급습하여 포위한 지 7개월 만에 마침내 두로섬을 정복하게 되었습니다. 이로써 선지자 에스겔을 통해서 내린 예언이 역사적으로 완전하게 성취되었습니다(에스겔 28:1~10).

<브리태니커 백과사전> 한글판에는 이렇게 기록되어 있습니다.

"두로는 BC 586~573년에 바벨론의 왕 느부갓네살의 오랜 포위 공격을 이겨내는 데 성공했다. BC 538~332년 페르시아 아케메네스 왕조의 지배를 받았다. 마케도니아의 정복자 알렉산드로스 대왕의 침략과 두로의 저항은 역사적으로 유명하다. BC 332년, 알렉산드로스는 섬에 접근하기 위해 본토에 있는 도시를 완전히 짓밟아 버리고 그 잔해를 전부 바닷물 속에 쏟아 부었다. 잔해가 너무 많아서 60m 너비의 둑길을 건설하면서 7개월 포위 공격을 한 끝에 두로를 점령했다. 두로가 점령된 후 1만 명의

알렉산더 대왕은 본토의 잔재들을 바다 속으로 던져 둑을 건설하여 두로섬을 멸망시켰다.

주민이 처형되었으며, 3만 명이 노예로 팔려갔다. 알렉산드로스가 건설한 둑길은 무너지지 않고 남아 두로가 위치한 섬을 반도로 만들어 놓았다."

어떤 사람들은 현재 지도상에 표시된 두로를 두고 성경의 두로가 재건된 것이라고 말하면서 성경 예언이 틀렸다고 이의를 제기합니다. 하지만 성경 시대에 위치한 페니키아 제국의 번성한 도시국가 두로는 알렉산드로스 정복 이후 재건되지 않았습니다. 알렉산드로스가 파괴한 두로섬은 성경의 예언대로 단지 그물을 펴서 말리는 한가한 어촌으로 남아 있습니다. 다만 현재의 두로는 마치 어느 고대 도시가 멸망하고서 오랜 시간이 지난 다음에 고대 폐허가 있던 인근지역에 새 도시를 건설하였을 때 멸망한 옛 도시를 기념하여 그 이름을 새 도시에 붙이는 것처럼 두로의 이름을 따서 붙인 도시일 뿐입니다.

결코, 멸망한 고대 도시 두로는 재건되지 않았습니다. 중동 전문가로 잘 알려진 리버티 대학교(Liberty University)의 랜달 프라이스(Randall Price) 교수는 <돌들이 외친다(The Stones Cry Out)>는 책에서 이렇게 기록하고 있습니다.[5]

"현대 도시 두로는 고대의 유적지에서부터 해안을 따라 생긴 항구가 있는 어촌이다. 에스겔이 예언한 대로 고대 두로가 있던 자리에는 지금 그 지방의 어부들이 그물을 펴서 말리는데 사용되는 평범한 바위가 있다. 그리스의 군대가 건축한 고대의 둑길은 여전히 남아 다른 것들과 함께 에

---

5) Randall Price, The Stones Cry Out. Harvest House, 1997.

폐허가 되어 더 이상 재건되지 않은 옛 두로

스겔의 예언이 구체적으로 성취되었음을 증언하고 있다. 그러나 그때의 당당했던 성벽과 성문은 이제는 존재하지 않는다."

이 성경의 예언은 세부적인 내용까지도 문자 그대로 성취되었고, 오늘날까지 유지되고 있습니다. 정확하게 예언이 성취될 수 있었던 것은 무엇을 의미하는 것일까요? 성경 본문에서는 "그러므로 주 여호와께서 이같이 말씀하셨느니라"라고 일곱 번 선포하고 있습니다. 하나님께서 말씀하셨기 때문에 반드시 이루어질 수밖에 없었던 것입니다. 하나님은 천지 만물을 지으신 분이시며 역사의 주관자이시기 때문입니다. 성경이 하나님의 말씀이 아니라는 것을 증명하기 위해서 요구되는 것은 단 한 가지의 분명한 오류를 찾는 것입니다. 만일 지금 두로의 고대 도시 자리에 크게 번성한 도시가 세워져 있다면 우리는 성경을 덮고 낙담한 상태로 교회를 떠날 것입니다. 그러나 성경 말씀대로 고대의 번성한 두로는 폐허가 되었고 어부들이 그물이나 말리는 한적한 어촌으로 전락한 것을 본다면 당신이 성경에 대해서 내릴 수 있는 유일한 결론은 무엇일까요? 성경은 분명한 하나님의 말씀이라는 사실일 것입니다.

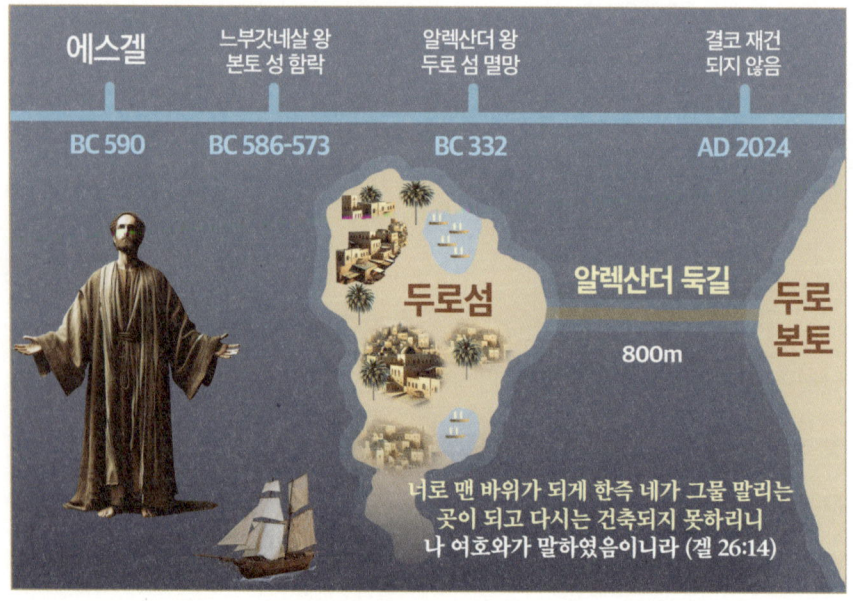

두로에 대한 예언이 성취되는 시간표

웨스트몬트대학교의 수학과 교수인 피터 스토너(Peter Stoner)는 학생들과 함께 "확률의 원칙"을 이용해서 두로 멸망에 관한 성경 예언 모두가 역사적으로 성취될 확률을 계산해 보았습니다. 성경 에스겔서에서는 아래의 7가지의 사건이 분명히 일어날 것이라고 했습니다.

1. 느부갓네살이 도시를 점령할 것이다.
2. 이 예언이 실현되도록 다른 나라들이 도울 것이다.
3. 두로가 파괴되고 잔재들을 쓸어버려 맨바위가 드러날 것이다.
4. 도시는 어부들이 그물을 말리는 한적한 어촌으로 전락할 것이다.
5. 두로의 돌들과 재목과 흙은 바닷물 가운데 던져질 것이다.
6. 다른 도시들은 두로의 멸망으로 큰 두려움에 떨 것이다.
7. 고대 두로는 다시 재건되지 않을 것이다.

피터 스토너 교수가 적용한 "확률의 원칙"은 만일 한 사건이 일어날 확률이 M에서 1이고 다른 사건이 일어날 확률이 N에서 1이라 한다면 두 예언이 다 성취될 확률은 M×N에서 1이라고 합니다. 이 원칙은 보험료율을 적용하는 데도 사용됩니다. 이 원칙을 이용하여 계산한 결과 7개 예언 모두가 역사적으로 다 성취될 확률은 40억분의 1이라고 합니다. 이것은 이 예언이 우연히 성취될 수 있는 가능성이 없다는 것을 말해주고 있습니다. 이와 같이 결코 우연히는 발생할 수 없는 일이 일어났을 때 우리가 내릴 수 있는 합리적인 결론은 하나밖에 없습니다. 하나님께서 이 예언을 성취하셨다는 것입니다. 두로의 멸망에 대한 예언의 성취는 성경이 살아계신 하나님의 말씀이라는 명백한 증거입니다.

3장

페르시아 제국의 고레스 왕에 대한 예언

3장

페르시아 제국의 고레스 왕에 대한 예언

　이란의 파사르가데(Pasargadae) 허허벌판에는 11m 높이의 한 석묘가 2,500년이나 되는 긴 세월을 버티고 서 있습니다. 이 무덤의 주인은 페르시아 제국을 세운 고레스 대왕(Cyrus II, 키루스 2세)입니다. 역사적으로 고레스는 메대(Media, 메디아) 왕국의 속국인 페르시아(Persia, 바사)의 왕족 출신이었습니다. 그는 BC 550년경에 반란을 일으켜 외할아버지인 메대의 왕 아스티게스를 폐위시키고 거대한 메대 왕국을 정복하였습니다. BC 539년에 바벨론을 정복하고 이집트 국경선까지 이르는 동양과 서양을 최초로 통일시킨 세계 대제국을 건설하게 되었습니다. 그는 BC 530년 아랄해 근처에 있는 마싸게테를 공격하다가 최후를 맞게 되고 그의 생전에 만들어 놓은 묘에 묻히게 되었습니다. 돌로 쌓아 올린 여섯 층의 계단 위에 자리 잡은 작은 석실 입구 상인방에는 다음과 같은 비문이 붙어있었다고 합니다.

"나 고레스는 한때 세계를 지배했었다. 그러나 언젠가는 이 땅이 다른 왕에 의해서 점령될 것을 나는 안다. 그러나 점령자여 그대도 언젠가는 누구에겐가 점령을 당할 것이다. 그러므로 내 묘를 건드리지 말아 달라."

이란 파사르가데 평원에 솟아있는 높이 11m의 거대한 고레스 대왕의 석묘[6]

---

6) http://fontes.lstc.edu/~rklein/images/Cyrustom.jpg

BC 330년 그리스 제국의 알렉산드로스 대왕이 페르시아 제국을 멸망시키고 고레스 왕의 석묘에 이르러 이 비문을 읽게 되었습니다. 알렉산드로스는 자신이 입고 있었던 왕복을 벗어 고레스의 석묘에 덮어주었다고 합니다.

그런데 놀라운 것은 구약성경 이사야서에 이 '고레스'의 이름이 기록되어 있으며, 그가 어떤 국가 정책을 펼 것인지도 기록되어 있다는 것입니다. 선지자 이사야는 고레스 왕보다 약 150년 전에 활동하던 사람이었습니다. 결과적으로 아직 역사상 존재하지도 않는 인물의 이름을 말하고, 그가 시행할 정책을 예언하고 있는 것입니다.

하나님께서는 우상들과 우상을 섬기는 이스라엘 백성에게 누가 참 신인지, 누가 진짜 신인지 법정 재판을 해보자고 도전하였습니다(이사야 41:21~23).

21 나 여호와가 말하노니 너희 우상들은 소송하라 야곱의 왕이 말하노니 너희는 확실한 증거를 보이라 22 장차 당할 일을 우리에게 진술하라 또 이전 일이 어떠한 것도 알게 하라 우리가 마음에 두고 그 결말을 알아보리라

혹 앞으로 올 일을 듣게 하며 23 뒤에 올 일을 알게 하라 그리하면 너희가 신들인 줄 우리가 알리라 또 복을 내리든지 재난을 내리든지 하라 우리가 함께 보고 놀라리라(이사야 41장)

법정 소송에서 승소하려면 빼도 박지도 못하는 확실한 증거를 제시해야만 합니다. 하나님께서 제시하는 참 신에 대한 확실한 증거는 무엇입니까? 하나님은 "참 신이라면 장차 당할 일을 우리에게 진술할 수 있어야 하고, 앞으로 올 일을 듣게 할 수 있어야 하며, 뒤에 올 일을 알게 할 수 있어야 한다"라고 말씀하십니다. 한마디로 참 신이라면 '예언(豫言)'할 수 있어야 한다는 것입니다. 이 세상을 창조하고 지금도 살아계시며 이 세상을 다스리는 신이라면 미래의 모든 일을 알고 우리에게 말할 수 있어야 하고, 말한 그대로를 '역사(歷史)'에서 성취할 수 있어야 한다는 것입니다.

그렇습니다. 참 신이라면 적어도 "미래의 일"을 말할 수 있어야 한다고 도전한 것입니다. 이러한 하나님의 선포 이후 이스라엘의 미래 회복을 위하여 세워질 왕인 고레스의 이름이 등장합니다(이사야 44:28). 하나님은 약 150년 후에 나타날 미래의 인물인 고레스의 등장과 그가 등장할 미래의 역사적 상황을 미리 말씀해 주신 것입니다. 이 예언으로 하나님께서는 스스로 참 신이심을 증명한 것입니다.

지금으로부터 150년 뒤에 우리나라 대통령이 누구이며, 그가 어떤 국가 정책을 펼칠 것인지를 정확하게 예언할 수 있는 사람이 있을까요? 이와 같은 미래의 일은 사람이 알 수 없고, 오직 이 세상 모든 나라와 사람을 다스리시는 하나님만이 하실 수 있습니다.

예언의 내용

26 그의 종의 말을 세워 주며 그의 사자들의 계획을 성취하게 하며 예루살렘에 대하여는 이르기를 거기에 사람이 살리라 하며 유다 성읍들에 대하여는 중건될 것이라 내가 그 황폐한 곳들을 복구시키리라 하며 27 깊음에 대하여는 이르기를 마르라 내가 네 강물들을 마르게 하리라 하며 28 고레스에 대하여는 이르기를 내 목자라 그가 나의 모든 기쁨을 성취하리라 하며 예루살렘에 대하여는 이르기를 중건되리라 하며 성전에 대하여는 네 기초가 놓여지리라 하는 자니라 (이사야 44장)

이사야서 44장과 45장에는 고레스라는 인물이 등장합니다. 그는 역사적으로 아주 유명한 페르시아 제국의 창건자입니다. 하나님께서 선지자

이사야를 통해 고레스가 행할 일에 대하여 예언하신 때는 BC 700년경이 었습니다. 그 때는 고레스 왕이 아직 이 땅에 존재하지도 않았습니다. 그는 이사야의 예언이 기록된 후 100년이 지난 BC 600년경에 출생하였습니다. 이사야는 고레스가 출생하기 100년 전에 정확히 그의 이름을 기록한 것입니다. 하나님께서 고레스를 "너는 나의 목자"라고 부르시면서 고레스가 하나님께서 기뻐하시는 일을 성취하는 하나님의 도구로 사용될 것을 말씀하십니다. 하나님께서는 고레스를 통해서 예루살렘을 중건할 것과 하나님의 성전 기초를 놓을 것을 예언하고 있습니다.

선지자가 예언할 당시에는 아직 예루살렘 성이 파괴되지도 않았었습니다. 아직 파괴되지도 않은 도시가 파괴될 것을 전제로 그 파괴된 예루살렘이 다시 재건될 것을 말하고 있는 것입니다. 또한, 예언할 당시에는 아직 하나님의 성전이 파괴되지도 않았는데, 성전이 파괴될 것을 전제로 성전의 기초를 다시 놓을 것을 말하고 있습니다. 그러니까 이사야는 고레스라는 인물이 포로로 끌려온 유대인들을 예루살렘으로 귀환시켜 파괴된 하나님의 성전 재건에 착수할 것이라고 예언한 것입니다.

하나님께서는 이사야서 44장과 45장을 통해서 구체적으로 6가지를 예언하였습니다. 그런데 과연 이 예언이 역사적으로 성취되었을까요? 오늘날 우리는 이 예언의 성취 여부를 확인 할 수 있는 시대에 살고 있습니다.

⑴ 고레스로 대제국을 건설하게 할 것이다(이사야 45:1).

⑵ 고레스로 예루살렘을 중건하는 일에 사용할 것이다(이사야 44:28).

⑶ 고레스로 성전의 기초를 놓는 일에 사용하실 것이다(이사야 44:28).

⑷ 고레스가 사로잡힌 유대 백성을 대가 없이 풀어줄 것이다(이사야 45:13).

⑸ 고레스가 보화와 재물을 얻을 것이다(이사야 45:3).

⑹ 강물을 마르게 할 것이다(이사야 44:27).

역사적 성취

구약의 선지자 이사야는 BC 750~680년 무렵에 활동한 선지자입니다. 그의 말년을 두고 말할지라도 고레스가 출현하기 150년쯤 전입니다. 그때 이사야 선지자는 고레스의 이름을 그의 예언서에 기록하고 있습니다.

1 여호와께서 그의 기름 부음을 받은 고레스에게 이같이 말씀하시되 내가 그의 오른손을 붙들고 그 앞에 열국을 항복하게 하며 내가 왕들의 허리

를 풀어 그 앞에 문들을 열고 성문들이 닫히지 못하게 하리라 2 내가 너보다 앞서 가서 험한 곳을 평탄하게 하며 놋문을 쳐서 부수며 쇠빗장을 꺾고 3 네게 흑암 중의 보화와 은밀한 곳에 숨은 재물을 주어 네 이름을 부르는 자가 나 여호와 이스라엘의 하나님인 줄을 네가 알게 하리라 4 내가 나의 종 야곱, 내가 택한 자 이스라엘 곧 너를 위하여 네 이름을 불러 너는 나를 알지 못하였을지라도 네게 칭호를 주었노라 (이사야 45장)

이사야를 통해 하나님이 이 예언을 하실 때에 아직 고레스는 태어나지도 않았습니다. 또한 하나님을 섬기지도 않는 이방 나라에 태어난 그가 어떻게 하나님을 알았겠습니까! 그러나 하나님께서는 "내가 나의 종 야곱, 내가 택한 자 이스라엘 곧 너를 위하여 네 이름을 불러 너는 나를 알지 못하였을지라도 네게 칭호를 주었노라"(이사야 45:4)라고 분명히 밝히고 있습니다. 그러면서 하나님께서는 고레스를 "나의 기름 부음을 받은 고레스"라고 하셨습니다. 이 말은 하나님께서 하나님의 일을 이루시기 위해 친히 고레스를 선택하여 제국의 왕이 되게 하셨고, 다른 나라들을 정복하도록 하셨다는 것입니다. 그러므로 고레스가 이룬 일들은 실제로는 하나님이 하신 일입니다.

고레스 왕은 그의 재위 원년(BC 539년)을 맞이하여 바벨론으로 포로로 잡혀 온 유대인들을 유대 땅으로 돌려보낼 것과 성전 재건을 허락하는 조서를 발표했습니다. 고레스는 이 조서를 발표함으로써 "포로로 끌려온 유대인들을 예루살렘으로 귀환시켜 파괴된 하나님의 성전 재건을 착수할 것"이라는 이사야서 예언을 역사적으로 성취하게 되었습니다.

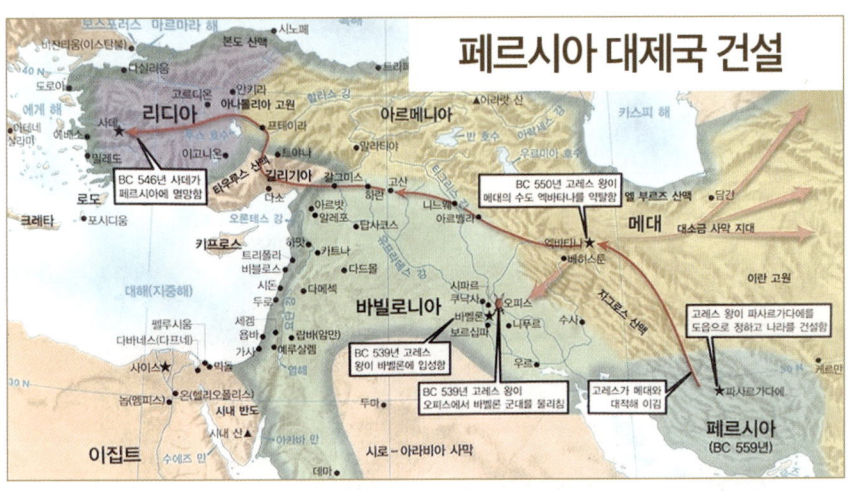

페르시아만에 접해있던 작은 페르시아 왕국은 고레스가 왕이 되면서 강성해졌다. 고레스는 메대 왕국과 리디아 왕국을 정복하고, 강성한 바벨론 제국을 정복함으로써 메대-페르시아 대제국을 건설하게 되었다.

BC 559년 고레스 왕은 파사르가데를 도읍으로 정하고 나라를 건설합니다. 페르시아 왕국을 식민통치하는 메대 왕국을 대적하고 BC 550년 고레스 왕이 메대의 수도 엑바타나를 정복함으로써 외조부가 통치하는 거대한 메대 왕국을 정복하게 됩니다. 그는 메대-페르시아 연합군을 형성하여 BC 546년 리디아의 수도 사데(Sardis)를 함락시킴으로써 리디아 왕국을 정복하게 됩니다. 리디아 왕국의 마지막 왕인 크로이소스(Croesus)는 '크로이소스만큼이나 부유한'(rich as Croesus)이라는 관용구가 있을 정도로 고대 세계의 제일부자로 알려져 있었습니다. 역사적으로 금화를 최초로 제작한 부의 상징인 리디아 왕국의 보화가 고레스에게 들어감으로써 보화와 재물을 주시겠다는 예언이 문자 그대로 성취되었습니다(이사야 45:3).

리디아 왕국의 왕가에서 주조한 금화(BC 550년)로 금과 은 혼합물로 만든 각인 화폐였다. 동전에 새겨진 사자는 왕실의 상징으로 보인다.

BC 539년 메대-페르시아 연합군은 바벨론을 정복함으로써 역사적으로 페르시아 제국을 건설하게 됩니다. 결과적으로 "그(고레스)의 오른손을 붙들고 그 앞에 열국을 항복하게 하며 내가 왕들의 허리를 풀어 그 앞에 문들을 열고 성문들이 닫히지 못하게 하리라"(이사야 45:1)라는 예언을 역사적으로 성취하게 되었습니다.

1 바사 왕 고레스 원년에 여호와께서 예레미야의 입을 통하여 하신 말씀을 이루게 하시려고 바사 왕 고레스의 마음을 감동시키시매 그가 온 나라에 공포도 하고 조서도 내려 이르되 2 바사 왕 고레스는 말하노니 하늘의 하나님 여호와께서 세상 모든 나라를 내게 주셨고 나에게 명령하사 유다 예루살렘에 성전을 건축하라 하셨나니 3 이스라엘의 하나님은 참 신이시라 너희 중에 그의 백성 된 자는 다 유다 예루살렘으로 올라가서 이스라엘의 하나님 여호와의 성전을 건축하라 그는 예루살렘에 계신 하나님이시라 4 그 남아 있는 백성이 어느 곳에 머물러 살든지 그 곳 사람들이 마땅히 은과 금과 그 밖의 물건과 짐승으로 도와주고 그 외에도 예루살렘에 세울 하나님의 성전을 위하여 예물을 기쁘게 드릴지니라 하였더라 (에스라 1장)

조서 형식으로 왕실 기록 보관소에 보관된 이 포고령은 성전을 재건하도록 유대인들을 귀환시킬 뿐만 아니라 성전 재건에 필요한 경비를 왕실 금고에서 지원할 것을 규정하고 있습니다. 고레스는 유대인들을 해방시키면서 아무런 대가도 요구하지 않았을 뿐만 아니라 성전 재건에 필요한 경비까지 지원했습니다. 이것으로 "그가 나의 성읍을 건축할 것이며 사로 잡힌 내 백성을 값이나 갚음이 없이 놓으리라"(이사야 45:13)라는 예언을 역사적으로 성취하게 되었습니다.

놀라운 것은 고레스 왕이 내린 이 조서가 성경에만 기록되어 있는 것이 아니라 고고학자에 의해서 실제 조서가 발견된 것입니다. 1879년, 호르무즈드 라삼(Hormuzd Rassam)에 의해 고대 바벨론의 도시 니느웨(Nineveh, 니너베)에서 고레스의 원통 비문이 발견되었습니다. 이 비문은 고레스 왕이 메대와 페르시아 제국의 왕으로서 바벨론의 포로를 석방하고 성전 재건을 지원하라는 내용의 조서를 담고 있습니다.

"바벨론에 거주하고 있는 자들에 관하여... 나는 버려져 있는 그들의 땅에 구원의 손길을 베풀었다.... 나는 티그리스 강 저편에 있는 신성한 도시로 예전에 그들과 함께 존재했을 신상들을 되돌려 보냈으며 그것들을 위하여 성소도 짓게 했다. 그 성소들은 오랫동안 폐허로 있어 왔다. 또한,

고레스 원통 비문. 페르시아 제국의 고레스 왕이 내린 조서가 기록된 원통비문이다. 1879년 호르무즈드 라삼에 의해 니느웨에서 발견되었고, 현재 대영박물관에 전시되어 있다. 이 비문에는 "바벨론의 포로들을 귀환시키고 오랫동안 폐허로 남아있는 성전을 짓게 했다"라는 고레스 왕의 치적이 기록되어 있다.

나는 그 땅의 예전 주민들을 모아 그들의 땅으로 되돌려 보냈다."[7]

고레스 왕의 조서를 받고 유대인들의 역사적인 귀환이 이루어졌습니다(에스라 5:14~16). 유대인들은 유다 예루살렘에 도착하자 즉시로 성전 재건 작업에 착수해 성전 주춧돌을 놓았습니다. 이로써 "성전에 대하여는 네 기초가 놓여지리라 하는 자니라"(이사야 44:28)라는 예언을 문자 그대로 성취하게 되었습니다.

---

7) 이종수. 대영박물관에서 만나는 성경의 세계. 예영커뮤니케이션. 2000. p113.

고레스의 바벨론 성 정복

하나님께서는 선지자 이사야를 통하여 고레스 왕이 바벨론 성을 어떻게 정복할 것인지 예언하였습니다.

26 그의 종의 말을 세워 주며 그의 사자들의 계획을 성취하게 하며 예루살렘에 대하여는 이르기를 거기에 사람이 살리라 하며 유다 성읍들에 대하여는 중건될 것이라 내가 그 황폐한 곳들을 복구시키리라 하며 27 깊음에 대하여는 이르기를 마르라 내가 네 강물들을 마르게 하리라 하며 (이사야서 44장)

고레스는 바벨론 성을 정복하기 위해 페르시아 대군을 이끌고 왔습니다. 바벨론 성은 성벽의 길이가 96km이었고, 성벽의 높이가 45m, 성벽의 두께가 24m로 성벽 위로 5대의 병거가 나란히 달릴 수 있을 정도였습니다. 또한, 내성과 외성으로 된 이중성이었고, 유프라테스 강이 성내로 흐르고 있어서 성을 포위할지라도 식수에 어려움이 없었습니다. 고레스가 바벨론 성을 점령한 후에 조사해 보니 성내의 인구가 20년 동안 먹을 수 있는 양식이 저장되어 있었습니다. 말 그대로 바벨론 성은 난공불락의 요새였습니다.

바벨론 성은 높고 튼튼한 2중 성벽에다 해자를 갖춘 요새였다. 성내로는 유프라테스 강이 흐르고 있었기 때문에 포위가 되더라도 식수에 어려움이 없었다. 이 난공불락 요새도 하나님의 예언 그대로 고레스 왕에 의해 정복되었다.

결국, 고레스는 바벨론 성벽 아래로 흐르는 유프라테스 강의 물길을 다른 방향으로 돌리고 성벽 밑으로 뚫린 강바닥을 따라 군사들을 성내에 들여보냄으로 바벨론 성을 점령했습니다. 깊은 강물이 마른 것입니다. 이 때의 상황을 그리스의 역사가 헤로도토스는 그의 역사책 <페르시아 전쟁사>에 다음과 같이 적어놓았습니다.

"시간은 경과되고, 그 성에 대한 진격을 시도할 수 없게 되자, 고레스는 커다란 당혹 가운데 처하게 되었다. 이러한 번민 중에 있을 때, 다른 사람이 그에게 제안했는지 아니면 스스로 궁리한 것인지 모르는 한 계획을 추진하기 시작하였다. 그는 강이 성안으로 흘러 들어가는 지점에 그의 군대를 배치시켰고, 강이 성 저편으로 흘러 나가는 지점에도 군대를 배치하여 놓고, 물이 건너기에 족하리만큼 얕아지자마자 강바닥을 통해 진군해 들어가라고 명령을 해 놓았다. 그런 다음 그 자신은 그의 군대 중에 비전투 인원들을 데리고 철수하여 전에 이집트 여왕 니토크리스가 이 강을 위해 파 놓은 웅덩이를 향해 진군했는데, 거기서 그는 니토크리스가 한 것과 똑같이, 수로를 통해 당시 그 파 놓은 분지로 강물이 흘러 들어가도록 유프라테스 강을 돌려놓아서 본래의 강바닥으로 군대가 들어갈 수 있을 정도로 강물의 수위가 낮아지게 하였다. 이쯤 되자, 이 목적을 위해 바벨론의 성벽 밑에 배치되어 있던 페르시아 군사들은 강물이 사람의 넓적다리 중간쯤에 이를 만큼 잦아지자 강물로 들어섰다. 곧장 성안으로 들어갔다."[8]

적어도 이 일이 있기 150년 전에 성경이 이것을 예언하였는데 얼마나 놀랍게 성취되었습니까? 물론 고레스는 이 예언을 알지 못했습니다. 그

---

8) 헤로도투스. 페르시아 전쟁사. 시그마북스. 2008.

는 이스라엘의 하나님을 그때까지 몰랐을 것입니다. 다만 처음부터 종말을 아시는 하나님이 장차 그가 그와 같은 방법으로 바벨론 성을 점령할 것을 미리 아셨기에 예언하신 것이며 그는 예언하신 그대로 바벨론을 점령한 것입니다.

생각해 보십시오. 훗날 고레스가 이사야의 이 예언을 들었을 때 얼마나 놀랐겠으며 또한 얼마나 감격했겠습니까! 자기가 승리한 것이 이스라엘의 하나님 여호와의 섭리에 의한 것임을 알았을 때에 그는 여호와 하나님께 경배할 수밖에 없었을 것입니다.

역사가 플라비우스 요세푸스는 <고대사>에서 고레스 왕이 자신에 대하여 예언된 성경 말씀을 듣고서 하나님의 능력에 감탄하게 되었다고 기록하고 있습니다. 이에 고레스는 바벨론에 포로로 끌려온 유대인들을 귀환시킬 것과 성전과 예루살렘을 재건하도록 도왔습니다. 고레스의 조서에 의해 돌아온 유대인들이 하나님의 성전 기초를 놓음으로써 예언을 문자 그대로 성취하게 되었습니다(에스라 5:14~16). <고대사>에는 역사적 사실을 자세하게 기록하고 있습니다.

"그러니까 이 이사야의 예언은 성전이 함락되기 140년 전에 행한 예언이었다. 이에 고레스는 이 예언을 읽고 하나님의 능력에 감탄하지 않을 수 없었다. 그는 이 예언을 성취시켜야겠다는 진지한 열정과 소원에 불타게 되었다. 따라서 고레스는 바벨론에 있는 유대인들 중 유력인사들을 불러 이같이 말했다. 내가 그대 백성들을 고국으로 돌려보내 예루살렘과 하나님의 성전을 재건하도록 해주겠소. 내가 이 일에 그대들을 돕도록 하겠소. 유대 인근 지역의 방백들과 총독들에게 서한을 띄워 성전 건축을 위한 자금으로 금과 은을 보낼 것과 그 외에 제사용으로 쓸 짐승들을 보낼 것을 당부해 놓도록 하겠소….

나는 내 나라에 거하는 유대인 중 원하는 사람은 누구나 고국으로 돌아가 도시를 재건하고 옛날 그 자리에 하나님의 성전을 짓도록 허락했소. 나는 또한 나의 재무관 미드르닷과 유대 총독 스룹바벨을 보내 성전의 기초를 다지게 하고 높이와 너비가 60 규빗 되는 성전을 다듬은 돌과 나무로 짓도록 지시했소. 그리고 이에 소요되는 모든 비용은 내가 지불하겠소…."[9]

---

9) 요세푸스(김지찬 역). 유대교대사 제 2권. 생명의 말씀사. 1987. p12-13.

페르시아의 고레스 왕이 바벨론을 멸망시키고 바벨론 성으로 진입했습니다. 그때 다니엘이 바벨론의 총리로 있었습니다. 아마도 다니엘이 이제 바벨론을 멸망시키고 성내로 들어온 고레스 왕에게 성경 이사야서를 읽어준 것으로 보입니다. 고레스는 큰 감동을 받고 유대인들을 귀환시키고 성전 기물을 돌려주라고 명령하게 되었습니다. 얼마나 놀라운가요? 다니엘이 이사야서를 읽어 주었을 때, 고레스 왕이 자기가 태어나지도 않았을 때 자기의 이름과 자기가 무엇을 할 것인지를 예언한 성경을 읽고 감동이 되어서 유대인들을 석방하고 성전을 건축하라는 왕의 조서를 내리게 된 것입니다.

종교 개혁자이자 성경학자인 존 칼빈도 <기독교강요>에서 하나님으로부터 나온 예언을 다루면서 고레스에 대한 예언을 언급하고 있습니다.

"이사야는 고레스를 거명하면서(이사야 45:1), 그에 의해서 갈대아(바벨론) 사람들이 정복당할 수밖에 없고 자기 백성이 해방될 수밖에 없다고 전한다. 그가 그렇게 예언한 후 고레스가 태어나기까지 100년 이상이 지났다. 왜냐하면 이사야가 죽은 지 거의 100년쯤 지난 후 마침내 그 왕이 태어났기 때문이다. 그 당시에 그 누구도, 고레스라는 어떤 사람이 일어나 바벨론 사람들과 전쟁을 치를 것이며, 그 강대한 군주국을 자기의 손 아래 움켜쥐고, 이스라엘 백성의 포수에 종언을 고하게 하리라고 아무도 예측할 수 없었다. 어떤 말재주를 부리거나 수식도 없는 바로 이 기사 자체가, 이사야가 말한 것이 의심할 바 없는 하나님의 말씀이며 사람들의 추측들이 아니라는 사실을 분명히 설명하고 있지 않은가? … 선지자들의 권세가 이러한 증례들에 의해서 인증되었다는 사실과 그들이 되풀이하여 전한 것들이 그 말씀들에 대한 신빙성을 확정하기 위하여 그대로 성취되었다는 사실을 부인한다면 얼마나 수치스럽겠는가?"[10]

6 이스라엘의 왕인 여호와, 이스라엘의 구원자인 만군의 여호와가 이같이 말하노라 나는 처음이요 나는 마지막이라 나 외에 다른 신이 없느니라 7 내가 영원한 백성을 세운 이후로 나처럼 외치며 알리며 나에게 설명할 자가 누구냐 있거든 될 일과 장차 올 일을 그들에게 알릴지어다 (이사야 44장)

하나님께서는 "될 일과 장차 올 일"을 예언하시며 약속하신 것을 반드

---

10) 존 칼빈(문병호 역). 기독교 강요: 1 창조주 하나님을 아는 지식. 생명의 말씀사. 2020. p257.

시 이루시는 유일한 참 신이십니다.

우상을 만드는 자는 다 허망하도다 그들이 원하는 것들은 무익한 것이거늘 그것들의 증인들은 보지도 못하며 알지도 못하니 그러므로 수치를 당하리라 (이사야 44:9)

우상이란 인간들에 의하여 만들어진 공작품으로 짝퉁 신에 불과합니다. 그런데도 사람들이 우상을 만들어서 그 앞에 절하고 숭배하는 것은 죄 때문에 그 눈이 가려지고 마음이 어두워져서 깨닫지 못하기 때문입니다. 그러므로 이런 우상을 숭배하는 자들은 반드시 수치를 당하고 말 것입니다.

하나님은 성경 예언을 우리가 역사적으로 확인하게 함으로써 하나님이 세상 역사를 주관하시며 생명의 주인이심을 알리고자 하셨습니다. 그래서 하나님은 여러 차례 "이스라엘아" 하시며 그들을 부르시고 계십니다. 아직도 온전히 하나님만을 신뢰하지 못하는 불신앙 가운데 있는 이스라엘 백성들이 돌아오기를 간절히 기다리시는 하나님의 안타까운 마음을 느낄 수가 있습니다.

여러분은 어떠하십니까? 하나님께서는 여러분이 성경 예언을 통해서 참 신이신 하나님을 알고 하나님께로 나오기를 원하십니다. 성경은 하나님의 감동하심으로 기록된 하나님의 살아있는 말씀입니다. 하늘에 있는 별을 보기 위해서는 망원경이 필요하고 세포의 구조를 보려면 현미경이 필요하듯이 하나님을 알려면 성경이 필요합니다. 성경 말씀을 믿으시길 바랍니다. 성경은 우리를 구원으로 인도하시는 유일한 진리요 하나님의 말씀입니다.

3장. 페르시아 제국의 고레스 왕에 대한 예언

그리스 제국의 알렉산드로스 왕에 대한 예언

4장

그리스 제국의 알렉산드로스 왕에 대한 예언

튀르키예에 있는 이스탄불 고고학 박물관의 본관 1층을 방문했을 때 버가모(Pergmos)에서 발견된 한 젊은이의 두상을 보았습니다. 그의 모습은 아름다웠고, 그의 얼굴에는 지칠 줄 모르는 강인함이 깃들어 있었습니다. 그의 지성은 통찰력으로 빛났고 기백이 흘러넘쳤습니다. 그는 그리스 제

버가모에서 발견된 알렉산드로스의 두상
(이스탄불 고고학박물관 소장)

국, 대제국을 건설한 알렉산드로스 대왕(알렉산더, Alexander)이었습니다.

　대영박물관의 페르시아관 입구로 들어갔습니다. 오른쪽으로 한발 돌면 그 벽엔 아주 작은 토판이 보입니다. 이것은 알렉산드로스 대왕의 죽음을 기록하고 있는 토판입니다. 회군 도중 갑작스럽게 사망한 곳, 바벨론에서 발견된 토판인데 그의 사망 날짜를 정확하게 기록하고 있습니다.

"이것은 BC 323년 둘째 달에서 322년까지 관측된 천문학적 및 운석학적 현상을 기록한 일기이다. 설형문자로 작성된 이 글은 음력으로 BC 323년 2월 29일에 알렉산드로스가 사망하였음을 기록하고 있다. 기록자는 알렉산드로스를 대왕이 아니라 단순히 '왕(the king)'이라고 묘사하고 있다."

바벨론에서 발견된 알렉산드로스의 죽음을 기록하고 있는 토판(대영박물관 소장)

알렉산드로스와 그리스 제국에 대한 역사가 성경 다니엘서에 기록된 것을 읽고 놀란 적이 있습니다. 그런데 나를 더욱 놀라게 한 것은 성경 다니엘서가 일어났던 역사(歷史)를 기록한 것이 아니라 "미래에 이루어질 예언(豫言)"을 기록하고 있다는 것을 알게 되었을 때입니다. 다니엘서의 기자(記者)인 다니엘이 1차 바벨론 포로로 끌려간 BC 605년(다니엘 1:1)부터 고레스 왕 3년(다니엘 12:1)인 BC 536년까지의 일들을 기록하고 있기 때문입니다.

다니엘서 2장에 예언된 알렉산드로스

왕을 뒤이어 왕보다 못한 다른 나라가 일어날 것이요 셋째로 또 놋 같은 나라가 일어나서 온 세계를 다스릴 것이며 (다니엘 2:39)

다니엘서 2장에서는 은밀한 일을 나타내시는 하나님께서 바벨론 제국의 느부갓네살 왕의 꿈을 통해서 "후일에 될 일"을 알게 하셨습니다(다니엘 2:28). 바벨론 제국으로부터 시작하여 후일에 그리스도의 왕국을 세울 때까지 미래의 세계사를 알게 하셨습니다. 금머리로 상징되는 첫째 나라는 바벨론 제국이라고 분명하게 말씀해주십니다. 그 이후에 등장하는 둘째 나라는 바벨론 제국을 정복하고 등장하는 메대-페르시아 제국을 예언하고 있습니다. 이제 살펴보게 될 셋째 나라는 메대-페르시아 제국을 정복하고 등장하는 그리스 제국을 예언한 것을 알 수 있습니다. 세계사에 등장할 셋째 제국이 "온 세계를 다스릴 것"(단2:39)이라고 예언하고 있습니다. '온 세계'는 히브리어로 '빼콜 아르아'로 지상에 건설되어 있는 모든 문명 세계를 지칭합니다.

알렉산드로스가 등장하면서 페르시아 제국과 이집트 왕국을 정복하고 동쪽으로 더 나아가 BC 326년에 아프가니스탄과 인도까지 진입했으며, 서방 세계와 동방 세계를 아우르는 광대한 제국을 건설하게 됩니다. 그는 그리스의 가장 뛰어난 철학자 아리스토텔레스로부터 직접 정치와 윤리에 대해서 다양하게 배웠고, 이와 같은 영향으로 그는 정복 전쟁을 하는 중에도 책을 가득 채운 마차들을 대동하면서 짬짬이 책을 읽었다고 합니다. 그는 자기 이름을 딴 도시 '알렉산드리아'를 70개 이상을 건설하여 그리스와 아시아의 문명을 하나로 통합하는 일에 열정을 불태웁니다. 이를 '헬레니즘 문명'이라고 합니다. 알렉산드로스는 최초로 3개 대륙인 유럽, 아프리카, 아시아에 걸친 세계 대제국을 건설할 뿐만 아니라 동방과 서방 세계를 헬레니즘이라는 한 문명으로 통합하며 통치합니다.[11] 이것은 성경 예언이 실제 역사에서 구체적으로 성취된 것을 보여줍니다.

다니엘서 7장에 예언된 알렉산드로스

그 후에 내가 또 본즉 다른 짐승 곧 표범과 같은 것이 있는데 그 등에는 새의 날개 넷이 있고 그 짐승에게 또 머리 넷이 있으며 권세를 받았더라 (다니엘 7:6)

다니엘서 7장에서는 세계사에 등장할 셋째 제국을 "날개 넷이 달린 표범"과 같을 것이라고 예언합니다(다니엘 7:6). 표범의 특징은 순간 순발력은 엄청나지만 지구력이 약한 동물입니다. 그리스 제국의 천재 전술가인 알렉산드로스 대왕이 등장하면서 전쟁은 쪽수 대결이 아닌 전술의 대결로 양상을 바꾸었습니다. 그는 장창으로 무장한 보병으로 밀집 방어진 팔랑크스 전술을 사용하고, 최초로 기병의 기동력을 전쟁에서 활용하였으

---

11) 버나드 로 몽고메리(송영조 역). 전쟁의 역사. 책세상, 2004. p143-144.

며 탁월한 지리적 안목과 전군의 공조 체계를 갖추었습니다.[12] 알렉산드로스는 BC 334년 세계사를 바꿀 동방 원정길에 올라서 BC 326년 인더스 강가까지 무서운 속도로 정복하였습니다.[13] 성경은 그가 7년이라는 짧은 시간에 세계 정복을 하다가 급작스럽게 사망할 것을 예언했습니다. 또한 성경은 '새의 날개가 넷'이 있다는 것은 신속한 세계 정복을, '머리 넷이 권세를 받는다는 것'은 알렉산드로스 사후에 4명의 부하 장군에 의해 4개 왕국으로 분열될 것을 예언한 것입니다.

알렉산드로스가 갑자기 죽자 '제국 유지파'와 '제국 분열파'로 나뉘어 서로 물고 무는 싸움이 일어나는데 이를 '디아도키 시대'라고 부릅니다. BC 301년 입소스 전투에서 제국 분할파가 안티고누스를 중심으로 한 제국 유지파를 무찌르고 승리하게 됩니다. 그리스 제국은 결과적으로 제국 분할파 4명의 장군에 의해 4개 왕국으로 분열됩니다.

1. 프톨레마이오스가 이집트 왕국을,
2. 셀레우코스가 시리아 왕국을,
3. 카산드로스가 마케도니아 왕국을,

---

12) 버나드 로 몽고메리(송영조 역). 전쟁의 역사. 책세상, 2004. p144.
13) 그리스 보물전(2019년 예술의 전당): 아가멤논에서 알렉산드로스 대왕까지. p246.

4. 리시마커스가 소아시아와 트라키아를 통치하는 리시마키아 왕국으로 분열됩니다.

그럼으로써 이 모든 예언이 세세하게 역사에서 성취되었습니다. 영국 육군 원수이자 2차 세계대전 중 연합군 사령관을 지낸 몽고메리 장군이 쓴 총체적인 전쟁 연구서로 알려진 <전쟁의 역사>에서 이 예언이 역사 속에서 세세하게 성취되었음을 기록해 놓고 있습니다.

"알렉산드로스 대왕은 페르시아 원정을 통해 그리스의 여러 도시를 해방시켰고, 시리아, 페니키아를 거쳐 이집트까지 정복하여 아시아, 아프리카, 유럽에 걸친 대제국을 건설하였다. 이를 통해 동방과 서방의 문화가 결합된 헬레니즘 문화가 꽃피게 되었다.... 알렉산드로스가 군인으로서 최고봉에 속한다는 것에 이론을 제기하는 사람은 이제까지 없었다. ... 알렉산드로스가 죽은 뒤, 제국의 적절한 분배권을 놓고 그의 후계자들 간에 엄청난 싸움이 벌어졌고, BC 301년 입소스 전투이후 4개의 왕국이 출현하게 되었다. 그리스식 전쟁의 기술은 결코 알렉산드로스에 의해 달성된 수준을 뛰어넘어 발전하지 못했다. 그의 후계자들, 특히 리시마커스와 셀레우코스는 훌륭한 장군이었지만, 그들의 군대는 너무 비대하고 복잡하

그리스 제국의 알렉산드로스 대왕의 동방 원정. BC 336년 왕으로 즉위하여 그리스 내 반란을 진압한 후, BC 334년에 동방 원정길에 나섰고, BC 332년 이집트 파라오로 즉위하였다. 페르시아 제국의 다리우스 3세와의 세 차례 전투에서 모두 승리함으로써 BC 331년에 페르시아 제국이 최종적으로 멸망하였다. 그는 군사들을 이끌고 동쪽으로 계속 나아가 아프가니스탄과 인도까지 진입했으며, 서방 세계와 동방 세계를 아우르는 광대한 제국을 건설했다. 군사들의 종군 거부로 회군하여 바벨론 성에 머무를 때 열병으로 BC 323년 급작스럽게 사망하였다.

기만 했으며, 그들의 전투는 아무런 교훈도 남기지 못했다."[14]

---

14) 버나드 로 몽고메리(송영조 역). 전쟁의 역사. 책세상, 2004. p163.

다니엘서 8장에 예언된 알렉산드로스

¹ 나 다니엘에게 처음에 나타난 환상 후 벨사살 왕 제삼년에 다시 한 환상이 나타나니라 ² 내가 환상을 보았는데 내가 그것을 볼 때에 내 몸은 엘람 지방 수산 성에 있었고 내가 환상을 보기는 을래 강변에서이니라 ³ 내가 눈을 들어 본즉 강 가에 두 뿔 가진 숫양이 섰는데 그 두 뿔이 다 길었으며 그 중 한 뿔은 다른 뿔보다 길었고 그 긴 것은 나중에 난 것이더라 ⁴ 내가 본즉 그 숫양이 서쪽과 북쪽과 남쪽을 향하여 받으나 그것을 당할 짐승이 하나도 없고 그 손에서 구할 자가 없으므로 그것이 원하는 대로 행하고 강하여졌더라 ⁵ 내가 생각할 때에 한 숫염소가 서쪽에서부터 와서 온 지면에 두루 다니되 땅에 닿지 아니하며 그 염소의 두 눈 사이에는 현저한 뿔이 있더라 ⁶ 그것이 두 뿔 가진 숫양 곧 내가 본 바 강 가에 섰던 양에게로 나아가되 분노한 힘으로 그것에게로 달려가더니 ⁷ 내가 본즉 그것이 숫양에게로 가까이 나아가서는 더욱 성내어 그 숫양을 쳐서 그 두 뿔을 꺾으나 숫양에게는 그것을 대적할 힘이 없으므로 그것이 숫양을 땅에 엎드러뜨리고 짓밟았으나 숫양을 그 손에서 벗어나게 할 자가 없었더라 ⁸ 숫염소가 스스로 심히 강대하여 가더니 강성할 때에 그 큰 뿔이 꺾이고 그 대신에 현저한 뿔 넷이 하늘 사방을 향하여 났더라 (다니엘 8장)

다니엘이 "현저한 한 뿔이 달린 숫염소"가 "두 뿔을 가진 숫양"을 치받고 있는 환상을 보았다.

다니엘서 8장에서는 "두 뿔 가진 숫양"이 "현저한 한 뿔이 달린 숫염소"의 공격을 받고 짓밟히는 환상이 나옵니다. "현저한 한 뿔을 가진 숫염소"는 "서쪽에서부터 와서 온 지면에 두루 다니되 땅에 닿지 아니할 것"이라고 예언합니다(단8:5). 숫염소는 마케도니아 왕국을 상징하는 동물입니다. 마케도니아 왕국의 카라노스가 초대 수도를 건설한 지역에 염소가 많았기 때문에 그 수도를 '아이가이(Aigai, 염소)'라고 이름을 지었습니다. 그 이후 마케도니아 왕들의 동전이나 유물에 염소 형상을 새겨놓았고 염

'아이가이'(염소)가 새겨진 마케도니아 왕국의 은전(BC 5세기 말 ~ 4세기 초)

소를 뜻하는 '아이가이(Aigai)'라는 단어를 함께 써놓았습니다. '아이가이'는 현재 그리스의 베르기나(Vergina)입니다.

그곳에는 알렉산드로스의 아버지 필리포스 2세를 비롯한 왕실 무덤이 있습니다. 무덤으로 들어가 금으로 된 화려한 왕관과 석관들을 보는 순간 그 시대에 꽃피운 찬란한 문화에 놀라게 됩니다.

다니엘서 8장에는 숫염소로 상징되는 마케도니아 왕국에서 "현저한 한 뿔"로 상징되는 강력한 한 왕이 "서쪽으로부터 와서 온 지면에 두루 다니되 (발이) 땅에 닿지 아니할" 정도로 엄청 빠르게 정복해 갈 것을 예언하고 있습니다. 그는 마케도니아의 가장 강력한 왕, 알렉산드로스가 세계의 서쪽 지중해로부터 일어나서 단 7년 만에 동쪽 메대-페르시아 제국과 이집트 왕국까지 정복함으로써 이 예언을 성취했습니다.

"숫염소가 두 뿔을 가진 숫양에게로 나아가되 분노한 힘으로 그것에게 달려갈 것"(6절)과 "숫양을 땅에 엎드러뜨리고 짓밟을 것"(7절)을 예언한 대로 알렉산드로스는 메대-페르시아의 다리우스 1세와 아하수에로의 침공으로 그리스가 큰 피해를 본 것에 대해서 보복하기 위해 분노한 힘으로 거칠게 공격했습니다. 페르시아의 다리우스 3세는 3차에 걸친 전투에서 완전히 짓밟힘을 당했습니다. BC 331년 알렉산드로스의 그리스 군과 다리우스 3세의 페르시아군이 가우가멜라 평원에서 세계 최대의 전투 가운데 하나로 알려진 가우가멜라 전투를 벌였습니다. 이 전투로 알렉산드로스의 군사적 천재성을 드러냈을 뿐만 아니라 페르시아의 심장이 도려내졌고, 그는 아시아의 주인이 되었습니다. 페르시아는 이 전투에서 패함으로써 BC 331년 제국의 문을 닫게 되었습니다.

1차: BC 334, 그라니쿠스 강 전투

2차: BC 333, 이수스 전투

3차: BC 331, 가우가멜라 전투

또한 성경은 "스스로 강성할 때에 그 큰 뿔이 꺾이고 그 대신에 현저한 뿔 넷이 하늘 사방을 향하여 날 것"을 예언합니다(다니엘 8:8). 알렉산드로스는 아주 강성할 때 말라리아로 추정되는 심한 열병으로 갑자기 죽고, 그 이후 4명의 부하 장군에 의해 4개의 분열 왕국이 됨으로써 이 예언이 성취되었습니다.

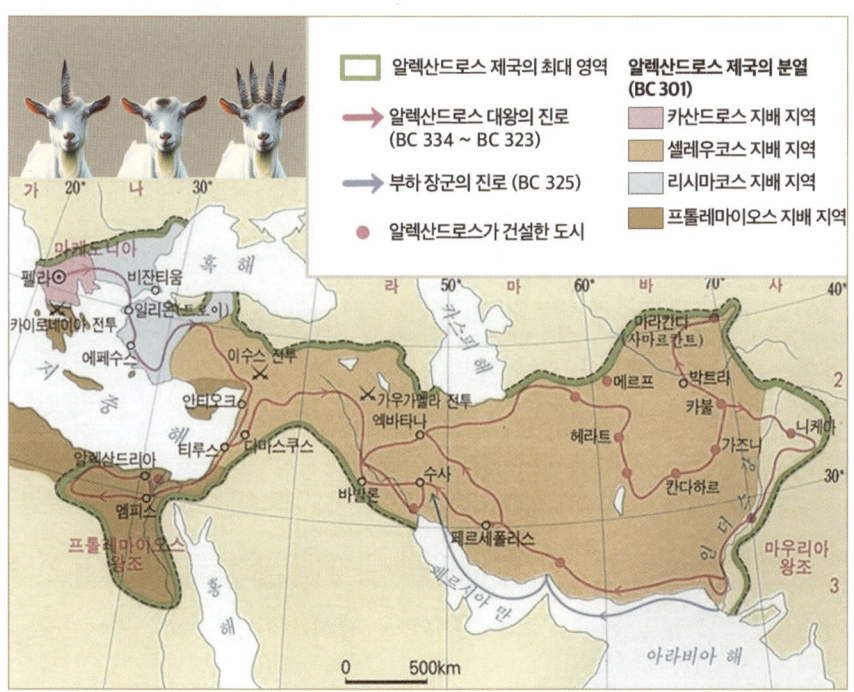

"그 큰 뿔이 꺾이고 그 대신 현저한 뿔 넷이 날 것"이라고 성경은 예언하였다. 역사적으로 알렉산드로스가 아주 강성할 때에 열병으로 급사하고, 부하 장군 4명에 의해서 4개의 왕국으로 분열됨으로써 예언이 성취되었다.

4장. 그리스 제국의 알렉산드로스 왕에 대한 예언

다니엘서 11장에 예언된 알렉산드로스

³ 장차 한 능력 있는 왕이 일어나서 큰 권세로 다스리며 자기 마음대로 행하리라 ⁴ 그러나 그가 강성할 때에 그의 나라가 갈라져 천하 사방에 나누일 것이나 그의 자손에게로 돌아가지도 아니할 것이요 또 자기가 주장하던 권세대로도 되지 아니하리니 이는 그 나라가 뽑혀서 그 외의 다른 사람들에게로 돌아갈 것임이라 (다니엘 11장)

다니엘서 11장에서는 "한 능력있는 왕이 일어날 것"(3절)과 "그가 강성할 때에 그의 나라가 갈라질 것"과 "그의 자손에게로 돌아가지도 아니할 것이요 또 자기가 주장하던 권세대로도 되지 아니하리니 이는 그 나라가 뽑혀서 그 외의 다른 사람들에게로 돌아갈 것임이라"(4절)이라는 모든 예언이 역사 속에서 성취되었습니다.

알렉산드로스는 BC 323년에 32세의 나이로 요절했기 때문에 알렉산드로스의 권력은 오래가지 못했습니다. 그에게는 왕좌를 물려받을 나이가 된 아들이 없었습니다. 그가 사망했을 당시 아내 록사나는 임신 중에 있었으나 태어날 아이의 성별이 밝혀지지 않았기 때문에 남겨진 장군들 사이에서 왕위 계승에 대한 의견이 대립했습니다. 자신의 배다른 형제인

필리포스 3세, 아르히데우스가 있었지만 그는 지적장애였기에 즉각적으로 권력을 찬탈 당했습니다. 결국, 그의 부하 장군 카산드로스가 알렉산드로스의 아내 록산나와 아들 알렉산드로스 4세를 암살하게 됩니다. 결과적으로[15] "그의 자손에게나 자기가 주장하던 권세대로 되지 아니하고 그 나라가 뽑혀서 그 외의 다른 사람들에게로 돌아갈 것"이라고 예언한대로 그의 부하 장군들이 나라를 차지함으로써 이 성경 예언이 구체적으로 이루어졌습니다.

성경의 예언을 그림으로 표현한다면 한 번의 붓질로 그림을 마무리하는 수채화 방식이 아니라 밑그림을 그리고 여러 번 덧칠 덧칠을 하면서 뚜렷하게 드러내는 유화 방식과 같습니다. 성경 예언은 반복 반복함으로써 아주 명확하게 알 수 있게 합니다.

"누가 나처럼 선언할 수 있으며, 미래를 예고할 수 있느냐? 나를 누구와 견줄 수 있느냐? 만일 있다면, 내가 옛날 사람들에게 미래를 예고했듯이, 그들에게 다가올 일들을 미리 말하여 보라고 하여라."(사44:7)

---

15) Hammond N. G. L. and Walbank F. W. A History of Macedonia: 336-167 BC. Oxford Univ. Press, 1988:3:165-168.

오직 이 세계를 창조하신 하나님만이 세상 역사를 섭리하시고 주관하시는 천지의 주재이십니다. 하나님께서는 미래의 모든 일을 아시고 우리에게 말씀하실 뿐만 아니라 말씀하신 그대로를 역사에서 이루시는 살아계시는 참 하나님이시며, 우리의 생사화복을 주장하시는 우리의 창조주이시며 우리가 위하고 섬길 영광의 왕이 되십니다.

5장

다니엘의 칠십 이레 예언

다니엘의 칠십 이레 예언

성경의 수많은 예언들이 극히 세부적인 사항에 이르기까지 문자 그대로 성취되어 온 사실은 성경이 하나님께로부터 왔음을 확실히 입증하는 것입니다. 이제 살펴보게 될 예언은 정직한 마음으로 하나님을 찾는 사람이라면 이 증거로 인해 감동을 받지 않을 수 없을 것입니다. 믿기 어려운 일이지만 선지자 다니엘은 그리스도가 왕으로 등장한 후에 죽임 당할 것을 예언하면서 그 연도와 날짜까지 정확하게 예언했습니다. 실제로 이 예언은 이 일이 일어나기 최소한 560년 전에 주어졌습니다!

예수 그리스도에 대한 예언 중의 하나가 구약성경 다니엘서에 등장합니다. 우리는 흔히 이 예언을 "다니엘의 70이레 예언"이라고 부릅니다.

70이레 예언은 성경 예언의 중추입니다. 성경 예언 중에서 가장 중심에 있고 가장 중요한 예언입니다. 그 이유는 우리의 죄를 대신속죄하기 위해 그리스도가 첫 번째 오실 것(초림)과 이스라엘을 영적으로 회복시키기 위해 두 번째 오실 것(재림)에 대해서 예언하고 있기 때문입니다.

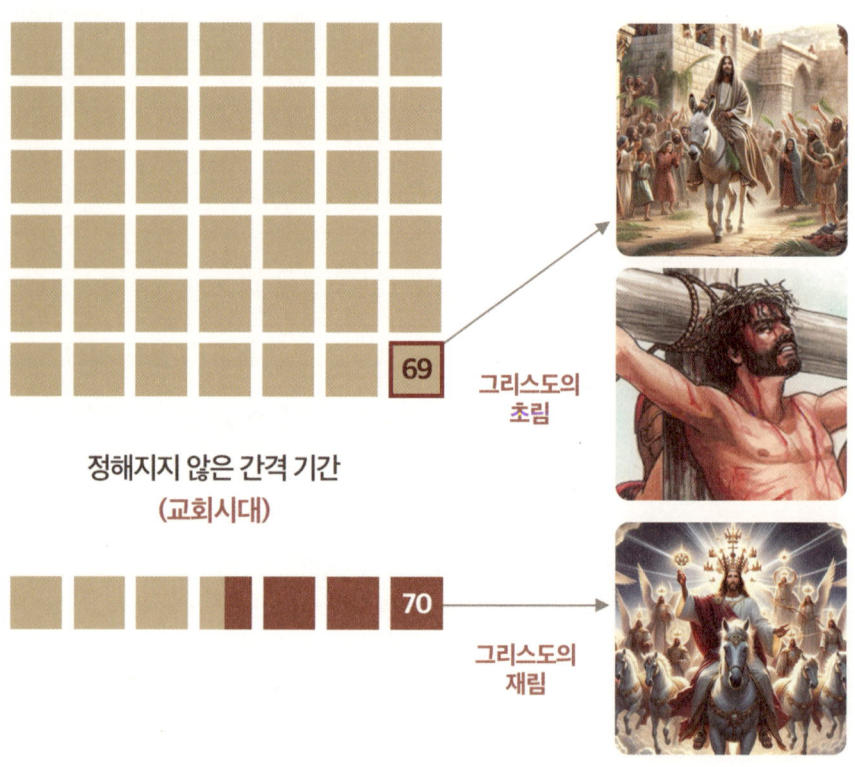

'다니엘의 70이레 예언'은 그리스도의 초림과 재림이 예언되어 있는 성경 예언의 중추이다.

다니엘서 9장 20~27절의 본문은 유다(이스라엘) 백성들의 운명과 예수 그리스도의 죽음을 예언하고 있습니다. 또한, 장차 다가올 인류 종말에 대해서도 예언하고 있기 때문에 현재 우리가 하나님의 시간표 가운데 어디쯤 와 있는지, 앞으로 어떤 일들이 벌어지게 될지를 알 수 있습니다. 그러므로 이 예언을 잘 살펴보면 우리가 어떻게 살아야 할지도 교훈 받을 수 있습니다.

24 네 백성과 네 거룩한 성을 위하여 일흔 이레를 기한으로 정하였나니 허물이 그치며 죄가 끝나며 죄악이 용서되며 영원한 의가 드러나며 환상과 예언이 응하며 또 지극히 거룩한 이가 기름 부음을 받으리라 25 그러므로 너는 깨달아 알지니라 예루살렘을 중건하라는 영이 날 때부터 기름 부음을 받은 자 곧 왕이 일어나기까지 일곱 이레와 예순두 이레가 지날 것이요 그 곤란한 동안에 성이 중건되어 광장과 거리가 세워질 것이며 26 예순두 이레 후에 기름 부음을 받은 자가 끊어져 없어질 것이며 장차 한 왕의 백성이 와서 그 성읍과 성소를 무너뜨리려니와 그의 마지막은 홍수에 휩쓸림 같을 것이며 또 끝까지 전쟁이 있으리니 황폐할 것이 작정되었느니라 27 그가 장차 많은 사람들과 더불어 한 이레 동안의 언약을 굳게 맺고 그가 그 이레의 절반에 제사와 예물을 금지할 것이며 또 포악하여 가증한 것이

날개를 의지하여 설 것이며 또 이미 정한 종말까지 진노가 황폐하게 하는 자에게 쏟아지리라 하였느니라 하니라 (다니엘 9장)

메대-페르시아 제국의 고레스 왕이 바벨론을 정복하고 메대 출신의 다리오에게 바벨론 통치를 맡깁니다. "다리오가 왕으로 세움을 받던 첫 해"는 BC 538년입니다(다니엘 9:1). 그 때에 다니엘이 여호와께서 말씀으로 선지자 예레미야에게 알려주신 예루살렘의 황폐함이 70년 만에 그치리라는 말씀(예레미야 25:12, 29:10)을 읽고서 그 연수를 깨닫게 됩니다(단 9:2). 그는 이제 70년의 포로 기간이 거의 끝나가고 있음을 알게 됩니다. 다니엘이 이스라엘의 회복을 위해 기도할 때 하나님께서 가브리엘을 보내셔서 이스라엘의 진정한 회복은 70년이 아니라 70이레의 기한으로 정하셨음을 알려주십니다. 이 예언은 "다니엘의 백성(이스라엘)과 다니엘의 거룩한 성(예루살렘)을 위하여" 하나님께서 자신의 섭리를 펼치실 특별한 기간을 가리키고 있습니다. 성경본문은 이 기간을 "70이레"라고 합니다.

BC 605년에 바벨론 제국의 가장 강력한 왕이었던 느부갓네살 (Nebukadnessar, 네부카드네자르 2세)이 고대 근동의 패권을 놓고 갈그미스 지역에서 이집트 왕국과 맞붙었습니다. 이를 역사에서는 "2차 갈그미스 전투"라고 합니다. 느부갓네살은 BC 605년 9월 7일에 왕권을 차지하고 주변 국가들을 정복했습니다. 바벨론 군대는 유다 왕국까지 쳐들어와 이집트가 세운 봉신 왕이었던 여호야김을 굴복시켰습니다. 이때 다니엘서의 기자인 다니엘을 필두로 유다 백성들 가운데 왕족과 귀족의 자제들이 볼모로 바벨론으로 끌려갔습니다. 역사에서는 이를 "1차 포로 사건"이라 부릅니다. 하나님께서는 바벨론에 끌려가는 유다 백성들에게 선지자 예레미야를 통해서 이렇게 예언하셨습니다.

10 여호와께서 이와 같이 말씀하시니라 바벨론에서 칠십 년이 차면 내가 너희를 돌보고 나의 선한 말을 너희에게 성취하여 너희를 이 곳으로 돌아오게 하리라 11 여호와의 말씀이니라 너희를 향한 나의 생각을 내가 아나니 평안이요 재앙이 아니니라 너희에게 미래와 희망을 주는 것이니라 (예레미야 29장)

하나님께서는 유다의 70년 바벨론 포로 생활이 끝나면 다시 유다 예루살렘으로 돌아오게 하겠다고 약속하셨습니다. 성경이 말하는 "유다 백성의 70년 바벨론 포로 생활"은 유다 왕국이 멸망한 해인 BC 586년이 아니라 1차 포로 사건이 일어난 BC 605년을 기점으로 계산된 것입니다(예레미야 25:1, 11~12).

BC 538년경 다니엘은 성경 예레미야서를 읽다가 유다 백성들이 포로로 잡혀온 지 70년이 차면 하나님께서 예루살렘으로 돌아오게 하겠다고 약속하신 것을 읽게 됩니다. 다니엘은 이제 그 70년의 연수가 거의 다 되어 간다는 것을 깨닫게 되었습니다(다니엘 9:2). 그는 하나님 앞에 자기의 죄뿐만 아니라 이스라엘 백성들의 죄를 대신해서 자복하면서 하나님께서 그 약속을 신실하게 지켜주심으로 그들이 예루살렘으로 다시 돌아와 이스라엘 나라가 회복되게 해 달라고 간절히 기도하였습니다. 이때 하나님께서는 천사 가브리엘을 다니엘에게 보내셔서 이스라엘의 미래에 관하여 70이레의 예언을 하셨습니다.

70이레 예언의 성취 대상과 목적

"네(다니엘) 백성과 네 거룩한 성을 위하여 일흔 이레를 기한으로 정하였나니"(24절) "다니엘의 백성"은 이스라엘이고, "다니엘의 거룩한 성"은 예

루살렘이 확실합니다.[16]

 20절에서 다니엘 자신이 "내 백성 이스라엘"이라고 분명하게 말하고 있습니다. 이 예언은 교회에게 주신 것이 아니라 이스라엘 민족에게 주신 것입니다. 70이레 기한이 되었을 때 이스라엘의 죄와 허물이 용서되고, 이스라엘이 하나님과 영원한 의로운 관계를 갖게 될 것이며, 성전이 기름 부음을 받아 하나님께 봉헌되어 예배가 회복될 것입니다. '지극히 거룩한 이'(다니엘 9:24)로 번역된 히브리어 '코데쉬 코다쉼(지극히 거룩한)'은 문법 용례로 볼 때 항상 '성전'을 의미합니다.[17]

---

16) "네 백성"은 다니엘의 백성 이스라엘(다니엘 9:20)이고, "네 거룩한 성"은 예루살렘이다. "이스라엘"이라는 단어를 민족으로서 이스라엘 이외에 다른 대상을 가리키는 경우가 신약에서 나오는가? AD 160년에 쓴 저스틴(Justin Martyr)의 변증서에서 문헌상 처음 등장한다. (Peter Richardson. Israel in the Apostolic Church. 1969, p74-84.) '교회'를 '참 이스라엘' 또는 '영적 이스라엘'로 해석하는 것을 '대체신학'이라 부른다. 대체신학자들은 70이레 예언의 대상인 '민족적 이스라엘'을 '교회'와 '하늘 도성'으로 확대하려는 시도를 해 왔다.
 "후천년설과 무천년설 주석가들은 이 사실을 오래도록 그리고 꾸준하게 살펴보아야 한다. 이 예언은 '다니엘의 백성과 다니엘의 성'에 대한 예언이다. 오리겐의 어떤 영해의 연금술도 그것을 바꿀 수 없다."(Robert D. Culver, 1977: Prof. of Wheaton College).
 "하나님은 누구를 위해 이 예언적 운명의 시기를 계시하셨는가? 본문은 그것들이 '네 백성과 네 거룩한 성을 위하여' 정해졌다고 말한다. 이것은 너무나 명백한 진술이지만, 너무 많은 해석자들이 이 구절에서 언급되지 않은 대상에게 어색하게 적용하려는 시도를 한다. BC 6세기에 다니엘이 이 예언을 기록할 때, 다니엘의 백성과 네 거룩한 성은 무엇을 말하는가? 그것은 오직 이스라엘을 다니엘의 백성으로, 예루살렘을 다니엘의 거룩한 성으로 언급할 수 있다. 하지만 많은 해석자들은 그것이 실제로 본문이 말하는 것보다 더 많은 것을 의미한다고 주장한다."(Thomas D. Ice, 2009: Prof. of Liberty Univ.)

17) 장두만. 예언서 해석의 원리. 요단출판사, 1992. p168.
 Hoehner HW. Chronological Aspects of Life of Christ. Zondervan, 1977. p115~139
 레온 우드(정일오 역). 다니엘 주석. 기독교문서선교회. 1995. p363

70이레 예언의 성취 시점

이 모든 것이 성취되는 70이레의 시점은 언제일까요? 일부 학자는 예수 그리스도의 초림 때 성취되었다고 주장합니다. 이 예언은 "다니엘의 백성"인 "이스라엘" 민족에게 해당되는 것입니다(다니엘 9:24). 하지만 이스라엘의 허물은 아직 끝나지 않았고, 영원한 의가 다 드러나지 않았고, 이상과 예언은 다 이루어지지 않았고, 성전은 아직 기름부음을 받지 못하고 있습니다. 성전이 기름부음을 받는 것은 그리스도가 기름부음을 받는 것을 의미하는 것이 아니라 그리스도의 지상재림으로 하나님의 성전이 정결하게 되는 것을 의미합니다.

문맥으로 볼 때도, 70이레 기간 중에 "기름부음을 받은 자"(그리스도)가 왕으로 일어날 것(25절)과 그 후에 기름부음을 받은 자가 죽임 당할 것(26절)을 예언하고 있는데, 어떻게 예수 그리스도의 초림으로 70이레 기간이 마쳐질 수 있겠습니까? 또한, 예수님께서도 이 세상에서 오셔서 마지막 한 이레(다니엘 9:27)가 과거에 성취된 일이 아니라 미래에 이루어질 일로 말씀하셨습니다(마태복음 24:21). 그렇기 때문에 예수 그리스도의 초림 때에 이 모든 것이 성취되었다는 주장은 맞지 않습니다. 결과적으로 70이레 예언은 예수 그리스도께서 "만왕의 왕(王)이요 만주의 주(主)"로서 지상에 재림하실 때 이스라엘이 오시는 예수님을 그리스도로 영접하면서 이루어질 것입니다(요한계시록 19:11~16). 이 때에 이스라엘의 죄가 완전히 제거되는 것은 물론 '영원한 의'를 드러내며 모든 환상과 예언이 다 이루어 질 것입니다.

그러므로 70이레 예언은 예수 그리스도께서 이 땅에 오셔서 우리의 죄를 사하여 주시기 위해 대신하여 십자가에서 죽임을 당하실 것과 만왕의 왕으로 이 땅에 재림하심으로써 이스라엘을 구원하실 하나님의 섭리와 경륜을 다루고 있습니다. 이스라엘은 물론 전 인류 역사에서 가장 중요한 사건인 예수 그리스도의 십자가 죽음과 지상재림에 관한 놀라운 사실이 예언되어 있습니다.

70이레의 의미

일흔 이레(70이레)는 70주 즉 490일이라는 인상을 주고 있는데 이것은 번역상 옳지 않습니다(다니엘 9:24). "70이레"는 히브리어 원문에서 "70의

7"(7이라는 단위가 70개)이라고 기록되어 있습니다.[18] 이것은 도대체 무엇을 의미할까요? 히브리어 "샤부임"은 "샤부아"의 복수명사로 7이라는 단위 또는 7이라는 기간을 의미합니다. 이 단어는 "7(일곱)"이라는 뜻으로 성경 곳곳에서 7일 혹은 7년을 의미할 때 사용되었습니다. 그러므로 본문의 문맥에 의해 7일의 기간인지 혹은 7년의 기간인지를 결정할 수 있습니다. 이 구절에서 "샤부임"은 7년을 의미하며, 따라서 다니엘은 7년의 70, 즉 총계 490년을 말하고 있습니다. 이 결론에 도달한 이유는 다음과 같습니다.

첫째, 만약 "이레"를 7일로 보면 70이레는 490일에 불과합니다. 70이레 기간에 언급된 예언의 내용을 볼 때 490일 안에 다 이루어질 수 없습니다. 특별히 26절 예언 내용에 "기름부음을 받은 자가 끊어져 없어 질 것"(그리스도의 죽음)과 그 후에 "장차 한 왕의 백성이 와서 그 성읍(예루살렘)과 성소(성전)를 무너뜨릴 것"을 예언하고 있습니다. 이 두 가지 예언은 이미 역사에서 성취되었습니다. AD 33년에 그리스도가 십자가 죽음을 당하였고, AD 70년에 로마제국 타이터스 장군에 의해 예루살렘 성과 성전이 파괴되었습니다. 70이레 기간 중에 성취될 예언의 내용으로 볼 때

---

18) 해롤드 호우너(Hoehner, Harold W.). Chronological Aspects of the Life of Christ. Zondervan, 1978. p48-49.

490일이 될 수 없습니다. 그러므로 숫자 7(샤부아)은 7일을 의미하지 않는 다는 것을 알 수 있습니다. 문맥으로 볼 때, 대부분의 성경학자들이 동의하듯이 이레는 "주(weeks)"가 아니라 "년(years)"을 의미합니다.

둘째, 예수님께서 숫자 7(샤부임)은 7일로 해석할 수 없다고 말씀하셨습니다. 마태복음 24장에서 70이레의 마지막 70번째 이레에 대한 예언을 해석하시면서 예수님의 시대에 이미 성취된 역사가 아니라 미래에 이루어질 사건으로 해석해주었습니다.

15 그러므로 너희가 선지자 다니엘이 말한 바 멸망의 가증한 것이 거룩한 곳에 선 것을 보거든 (읽는 자는 깨달을진저) 21 이는 그 때에 큰 환난이 있겠음이라 창세로부터 지금까지 이런 환난이 없었고 후에도 없으리라(마태복음 24장)

셋째, 다니엘서 9장 27절의 마지막 한 이레를 7년으로 보면, 요한계시록에 나와 있는 7년 환난기와 완벽한 조화를 이룹니다. 대환난의 시작점은 마지막 70번째 "이레의 절반"(다니엘 9:27, 마태복음 24:15-21)이라고 하며, 대환난의 기간을 "마흔 두 달"(요한계시록 11:2, 13:5) 또는 "천이백육십일"(요한계시록 11:3, 12:6)이라고 언급합니다. "이레의 절반"에 해당되는 기

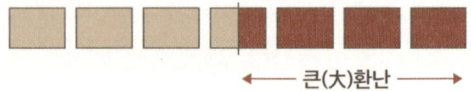

* 대환난 기간을 성경은 얼마의 기간이라 하는가?

  - **1,260일** (계11:3, 12:6)
  - **42개월** (계11:2, 13:5)
  - **한때 두 때 반 때** (단7:25, 12:7; 계2:14)
  - **이레의 절반** (단9:27)

'한 이레'(단 9:27)를 7일간의 언약이라 보면 어색하나 7년으로 보면, 요한계시록과 완벽한 조화를 이룬다. '이레의 절반'은 3년 반이다. 그렇다면 '한 이레'의 기간은 7년이 된다.

간은 계산하면 3년 반입니다. 그렇다면 "한 이레"는 7년이고, 70이레는 490년임을 알 수 있습니다.

넷째, 본문에서 다니엘은 70년의 포로 생활을 생각하고 있습니다. 그 포로 생활은 안식년을 위반한 결과였는데, 7년을 단위로 하는 안식년을 70번을 지키지 않았기 때문에 70년의 포로 생활을 하게 된 것입니다(레위기 25:1-7, 26:34-35, 역대하 36:21).

이에 토지가 황폐하여 땅이 안식년을 누림 같이 안식하여 칠십 년을 지냈으니 여호와께서 예레미야의 입으로 하신 말씀이 이루어졌더라(역대하 36:21)

이제 다니엘은 미래의 "70이레"를 7년을 단위로 하는 70번, 즉 490년으로 깨닫고 있음이 확실합니다.[19]

이스라엘의 바벨론 포로기간이 70년인 이유는 7년 단위로 하는 안식년을 70번 지키지 않았기 때문이었다. 490년 동안 안식년을 준수 하지 않았다. 다니엘은 미래의 '70이레'를 7년 단위로 하는 70번으로, 490년으로 깨닫고 있다.

---

19) 해롤드 호우너(Hoehner, Harold W.). Chronological Aspects of the Life of Christ. Zondervan, 1978. p49-50.

그러므로 70이레는 490년(70×7년)으로 이스라엘 백성에 대한 하나님의 특별한 섭리와 경륜이 펼쳐지는 기간임을 알 수 있습니다.

70이레의 네 기간

24절은 70이레의 종합 일정을, 25절에서 27절까지는 세부 일정을 기록하고 있습니다. 25절에 7이레와 62이레가 나옵니다. 합치면 69이레니까 자연스럽게 마지막 1이레가 등장해야 합니다. 그런데 26절에서 62이레 후에 이루어질 예언들을 기록하고 있고, 27절에서야 마지막 1이레가 등장합니다. 그러므로 70이레 기한은 7이레, 62이레, 62이레 후의 특정하지 않은 간격 기간, 그리고 마지막 1이레로 되어있습니다.

그리스도의 출현의 시기는 그리스도가 왕으로 등장하여 죽임을 당하고 예루살렘 성과 성전의 파괴와 더불어 막을 내립니다. 그런데 다니엘이 이 예언을 기록할 당시 예루살렘의 성과 성전은 이미 잿더미가 되어 있었습니다. 이 예언에 따르면 예루살렘 성은 "한 왕의 백성이 와서 파괴하기" 전에 먼저 세워져야 합니다. 그래서 예루살렘 성을 다시 세우라는 조서가 내려져야 합니다. 이 조서가 내려지는 그날이 70이레의 출발점이 됩니다. 그 뒤로 일곱 이레와 예순두 이레가 지날 것입니다. 70이레의 출발점으로부터 69이레(483년 = 69×7년)가 되는 날에 "기름부음을 받은 자(그리스도)"가 왕으로 등장할 것을 예언하고 있습니다.

70이레의 출발점

그러므로 너는 깨달아 알지니라 예루살렘을 중건하라는 영이 날 때부터 기름 부음을 받은 자 곧 왕이 일어나기까지 일곱 이레와 예순두 이레가 지날 것이요 그 곤란한 동안에 성이 중건되어 광장과 거리가 세워질 것이며 (다니엘 9:25)

25절 본문은 예루살렘을 중건하라는 영(조서)이 날 때가 70이레의 시작점임을 분명하게 말씀하고 있습니다. 그리고 70이레 예언의 성취 대상이 이스라엘과 거룩한 성, 예루살렘이기 때문에 "예루살렘 성을 중건하라는 영"임에 틀림없습니다. 또한, 25절 후반부에 보면 예루살렘 성이 중건되어 광장과 거리가 세워질 것을 포함하고 있는 조서임을 부연해 주고 있습니다.

이제 초미의 관심사는 언제 예루살렘 성을 다시 세우라는 조서가 역사적으로 있었는가 하는 것입니다. 역사적으로 페르시아가 통치하는 기간 동안 유대인들과 관련된 조서들은 여러 번 있었습니다. 이들 중 과연 예루살렘 성의 중건을 명령한 조서는 어떤 것일까요?

첫 번째 조서는 페르시아 제국의 고레스 왕(Cyrus)이 내린 것인데, BC 539년 10월 29일에 있었습니다(역대하 36:22~23, 에스라 1:1~4). 그러나 이 조서는 유대 포로를 돌려보내고 성전을 다시 세우라는 내용을 담고 있지만 예루살렘 성을 다시 세우라는 구체적인 내용은 없었습니다.

두 번째 조서는 유대인들이 성전을 중건할 권리가 있는지에 대한 의문을 제기한 유대총독 닷드내 때문에 내려졌습니다(에스라 5:3-17). 이에 다리오 왕은 고레스 왕의 칙령을 면밀히 조사한 뒤에 고레스 왕의 조서를 확증하기 위해 BC 519년(혹은 518년)에 조서를 반포하였습니다(에스라 6:1-12). 그러나 이 조서 또한 70이레 출발점이 될 수 없습니다. 이 조서에는 성전 중건과 관련된 내용은 있지만 예루살렘 성을 중건하는 내용은 없었습니다.

세 번째 조서는 페르시아 제국의 아닥사스다 왕(Artaxerxes)이 에스라에게 내린 것인데, BC 457년에 있었습니다(에스라 7:11~26). 이 조서는 유대인들이 에스라와 함께 귀환할 것과 성전 제사의 회복과 관련된 내용을 담고 있으나 예루살렘 성을 다시 세우라는 내용은 없었습니다.

　네 번째 조서는 페르시아 제국의 아닥사스다 왕이 느헤미야에게 내린 것으로 예루살렘 성을 다시 건축하라는 내용을 담고 있습니다(느헤미야 2:1~9). 이 조서는 BC 444년 니산월에 내린 조서로 예루살렘 성의 재건은 물론 성문과 성벽을 재건하라는 구체적인 내용을 담고 있기 때문에 70이레의 출발점임을 분명하게 알 수 있습니다.

¹ 아닥사스다 왕 제이십년 니산월에 왕 앞에 포도주가 있기로 내가 그 포도주를 왕에게 드렸는데 이전에는 내가 왕 앞에서 수심이 없었더니 ⁵ 왕에게 아뢰되 왕이 만일 좋게 여기시고 종이 왕의 목전에서 은혜를 얻었사오면 나를 유다 땅 나의 조상들의 묘실이 있는 성읍에 보내어 그 성을 건축하게 하옵소서 하였는데 ⁶ 그 때에 왕후도 왕 곁에 앉아 있었더라 왕이 내게 이르시되 네가 몇 날에 다녀올 길이며 어느 때에 돌아오겠느냐 하고 왕이 나를 보내기를 좋게 여기시기로 내가 기한을 정하고 ⁷ 내가 또 왕에게 아뢰되 왕이 만일 좋게 여기시거든 강 서쪽 총독들에게 내리시는 조서를 내게 주사 그들이 나를 용납하여 유다에 들어가기까지 통과하게 하시고 ⁸ 또 왕의 삼림 감독 아삽에게 조서를 내리사 그가 성전에 속한 영문의 문과 성곽과 내가 들어갈 집을 위하여 들보로 쓸 재목을 내게 주게 하옵소

페르세폴리스에 있는 아닥사스다 왕의 궁전에 있던 석판.
지금은 페르세폴리스 박물관에 전시되어 있다

서 하매 내 하나님의 선한 손이 나를 도우시므로 왕이 허락하고 ⁹ 군대 장관과 마병을 보내어 나와 함께 하게 하시기로 내가 강 서쪽에 있는 총독들에게 이르러 왕의 조서를 전하였더니 (느헤미야 2장)

아닥사스다 왕의 궁전에서 발견된 돌판에 있는 부조를 살펴보면 왕 뒤에 있는 사람이 술병을 들고 있습니다. 이 사람처럼 왕의 술을 맡은 사람을 술관원장이라고 합니다. 고대의 왕들은 독이 든 술로 독살을 당하는 경우가 많았기 때문에 자신이 가장 신임하는 신하에게 술관원장의 직책을 맡겼습니다. 그런데 느헤미야가 아닥사스다 왕의 신임을 받는 술관원장이었던 것입니다(느헤미야 1:2). 아닥사스다 왕 제 20년 니산월에 느헤미야가 왕에게 술을 따라 드릴 때에 하나님께서 역사하셨습니다. 하나님은 그 왕의 마음을 움직여 느헤미야가 예루살렘으로 돌아가 무너진 성을 중건할 수 있도록 조서를 내리게 합니다. 바로 이 날이 70이레의 출발점입니다.

이제 이 날을 계산해 보겠습니다(느헤미야 2:1). 아닥사스다 왕은 BC 465년에 왕으로 즉위했습니다. 그의 20년째 통치는 BC 445년 7월입니다. BC 445년 7월 이후 니산월은 BC 444년 3월 5일인데, 그의 20년의 통치가 끝나기 전입니다. 조서를 내린 날은 니산월이라 언급되어 있지만 구체적인 날짜가 없습니다. 성경학자 알바 맥클라인(Alva J. McClain)은 그의 책 <다니엘의 70이레 예언>에서 "아닥사스다 왕은 통치 20년에 이 조서를 내렸다. 달은 니산월이고 날짜는 기록되어 있지 않지만, 유대인들의

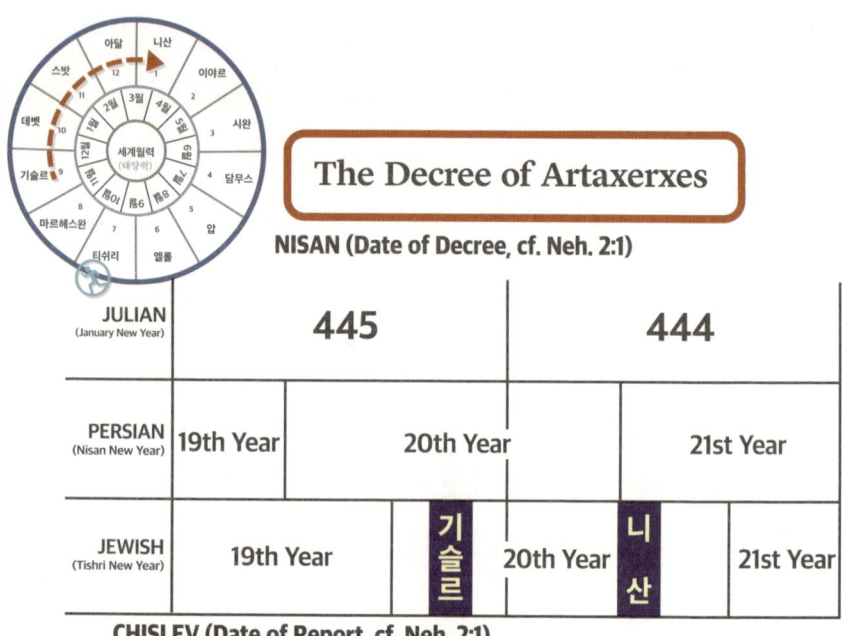

느헤미야가 예루살렘 상황을 보고 받은 "아닥사스다 왕 제 이십년 기스르월"은 율리우스력(또는 태양력)으로 BC 445년이고, 예루살렘 성 재건을 허락받은 "아닥사스다 왕 제 이십년 니산월"은 율리우스력으로 BC 444년이 된다. 그러므로 70 이레의 시작점은 BC 444년이다.

관습에 따라 그달의 첫날로 유추할 수 있다"고 썼습니다.[20]

성경학자 헤럴드 호우너(Harold Hoehner)는 <다니엘의 70이레와 신약 연대>에서 이렇게 밝히고 있습니다.

---

20) Alva J. McClain. Daniel's Prophecy of the Seventy of Weeks. Zondervan, 1969, p18-19

"아닥사스다 왕은 BC 465년에 즉위했다. 그가 즉위한 지 20년째 니산월은 BC 444년이다. 조서는 BC 444년 3월 5일에 아닥사스다 왕에 의해 포고되었다. 그때에 아닥사스다는 유대인들에게 예루살렘 성벽을 중건할 수 있게 허락했다. 이 조서는 다니엘서 9장 25절에 대한 것이다."[21]

오늘날은 고대의 달력을 재현하는 소프트웨어가 개발되어 있어서 정확하게 날짜를 계산 할 수 있습니다. 그러나 예전에는 역사적인 자료가 충분하지 않아서 정확하게 날짜 계산을 하기가 어려웠습니다. 그래서 70이레 예언의 해석이 분분했습니다만 이제는 이와 같은 문제가 완전히 해결된 시대에 살고 있기 때문에 정확하게 해석할 수 있게 되었습니다.

69이레가 성취된 시점

다니엘서 9장 25절에는 "예루살렘을 중건하라는 영이 날 때부터", 즉 BC 444년 3월 5일로부터 "기름부음을 받은 자 곧 왕이 일어나기까지 일

---

21) 해롤드 호우너(Harold W. Hoehner). Chronological Aspects of Life of Christ; 6장 '다니엘의 70이레와 신약연대'. Zondervan, 1977. p115-139.

곱 이레와 예순두 이레가 지날 것"이라고 예언하고 있습니다. 일곱 이레와 예순두 이레를 합치면 69이레가 됩니다. 이미 우리는 "이레"가 7년의 기간임을 알고 있습니다. 그렇다면 출발점으로부터 성경의 햇수로 483년(69×7년)이 되면 기름부음 받은 자가 왕으로 등장해야 합니다. "기름부음 받은 자"를 히브리어로 "메시야", 헬라어로 "그리스도"라 합니다. 이것은 예수 그리스도가 역사상 왕으로 등장하는 날을 의미합니다. 이 날이 69이레가 성취되는 역사적인 날이 될 것입니다.

69이레를 계산함에 있어서 먼저 알고 넘어가야할 사항이 있습니다. 뛰어난 성경학자이면서 당시 영국 런던경찰국의 수장을 지낸 기독교형제단 출신의 로버트 앤더슨 경(Sir Robert Anderson)이 성경을 면밀하게 살펴보다가 발견한 사실은 성경에 사용된 유대인의 달력이 1년을 360일로 계산했다는 것입니다.[22] 성경년 즉, 예언적 시간은 다니엘서와 요한계시록에서 두 가지 시간 단위를 사용하여 정확하게 정의되어 있습니다. 요한계시록에 3년 반을 42개월 그리고 1,260일로 계산하는 것으로 보아 알 수 있습니다(요한계시록 11:2~3, 12:6, 14). 그러므로 성경에 기록된 예언년은 한

---

22) 로버트 앤더슨(정병은 역). 장차 올 왕: 다니엘의 70이레 예언 연구서. 전도출판사. 2020. p95-96.

달을 30일로, 1년을 360일로 계산한 것입니다. 그러면 예루살렘 성을 중건하라는 조서가 내려졌을 때부터 시작해서 일곱 이레와 예순두 이레, 즉 483년은 173,880일이 됩니다(69×7년×360일 = 173,880일).

우리는 성경의 햇수를 오늘날 우리가 사용하는 달력인 태양력으로 먼저 바꾸어야만 역사적으로 언제 성취되었는지를 알 수 있습니다. 173,880일을 1년의 태양력 365.2422일로 나누면 오늘날의 달력으로 476.0677년(태양년)입니다.[23] 0.0677년을 365.2422일로 곱하면 25일입니다. 69이레는 태양년으로 보면, 476년하고 25일이 되는 것입니다. 아닥사스다 왕이 느헤미야에게 칙령을 내린 연도가 BC 444년 3월 5일입니다. 이 날부터 476년이 지나고 25일째가 되는 날에 예수 그리스도가 왕으로 등장해야 합니다. 이 날은 AD 33년 3월 30일인데, 바로 예수님께서 왕으로 예루살렘에 입성하신 날입니다. 그리고 그 주 금요일에 예수님은 십자가에서 죽임을 당하셨습니다. 예수님은 AD 33년 4월 3일 금요일에 십자가에 달리신 것입니다.

---

23) 태양력의 1년은 365일 5시간 48분 46초이다. 365일+0.2422일(5시간×60분×60초)+(48분×60초)+46초=20,926초를 1일 86,400초(24시간×60분×60초)로 나누면 오늘날의 달력 476.0677년(태양년)이 된다.

느헤미야가 아닥사스다 왕에게 칙령을 받은 BC 444년 3월 5일로부터 69이레가 되는 날은 그리스도 왕이 등장해야 한다. 이 날, AD 33년 3월 30일에 그리스도가 왕으로 예루살렘에 입성하였다.[24]

　예수님은 많은 기적을 행하시고 병자들을 고쳐주셨기 때문에 유대인들은 예수님을 왕으로 세우려고 했습니다. 그때마다 예수님은 홀연히 사라지셨습니다. 예수님은 왕으로 세움 받는 것을 허락하시지 않았습니다(요한복음 6:14~15). 그 이유는, 69이레가 성취될 시점이 아직 되지 않았기 때문입니다. 그러나 놀라운 사실은 예수님의 공적인 생애 중에 자신을 의도적으로 왕으로 나타내신 것은 단 한번 하루뿐이라는 것입니다. 예수님

---

24) 주전에서 주후까지의 시간을 계산할 때 BC 1년 다음에 기원년 0년이 없고, 바로 AD 1년으로 간다는 것을 고려해야 한다. 그러므로 1년이 생략되기 때문에 1년을 더해주어야 한다.

이 십자가를 지시기 위해 예루살렘에 입성하실 때 사람들이 자기들의 겉옷을 바닥에 깔고 종려나무를 흔들면서 예수님을 향하여 "주의 이름으로 오시는 왕"이라고 소리쳤습니다(누가복음 19:37~40). 그 무리 중에 바리새인들이 있었습니다. 그들이 예수님에게 제자들이 예수님을 왕이라고 부르지 못하게 책망하라고 요청했지만, 그날만큼은 예수님께서 왕으로 받아들여지는 것을 인정하셨습니다. 예수 그리스도는 AD 33년 3월 30일에 예루살렘 성에 왕으로 입성하셨습니다. 아닥사스다 왕이 느헤미야에게 예루살렘 성을 중건하라는 칙령을 내린 날로부터 173,880일이 되는 날에 예수 그리스도가 왕으로 예루살렘에 입성하심으로써 69이레를 문자적으로 정확히 성취하셨습니다. 그리스도가 왕으로 일어나는 정확한 시기에 관한 이 명쾌한 예언은 성경 전체를 통틀어 가장 놀라운 예언들 중의 하나입니다.

37 이미 감람 산 내리막길에 가까이 오시매 제자의 온 무리가 자기들이 본 바 모든 능한 일로 인하여 기뻐하며 큰 소리로 하나님을 찬양하여 38 이르되 찬송하리로다 주의 이름으로 오시는 왕이여 하늘에는 평화요 가장 높은 곳에는 영광이로다 하니 39 무리 중 어떤 바리새인들이 말하되 선생이여 당신의 제자들을 책망하소서 하거늘 40 대답하여 이르시되 내가 너희

에게 말하노니 만일 이 사람들이 침묵하면 돌들이 소리지르리라 하시니라 (누가복음 19장)

예수님이 십자가에 달리실 때 십자가 위에 있는 패에는 "나사렛 예수 유대인의 왕"이라고 쓰여 있었습니다. 이것은 히브리어와 로마어와 헬라어로 기록되어 있었습니다. 로마제국의 지배 시기에 세계 사람들이 알아들을 수 있는 언어들로 기록해서 모든 민족에게 예수님이 왕이심을 선포한 것입니다. 옆에 있는 종교지도자들이 "자칭 유대인의 왕"이라고 써 달라고 부탁했지만, 빌라도 총독은 "내가 쓸 것을 썼다"라고 하였습니다(요한복음 19:19~22). 예수님께서는 예루살렘에 입성하실 때 "오시는 왕"으로 받아들여지는 것을 인정하셨고, 십자가에 못 박히실 때도 "왕"으로 못 박힌 것을 성경에서 볼 수 있습니다.

69이레 이후 그리스도의 죽음

25 그러므로 너는 깨달아 알지니라 예루살렘을 중건하라는 영이 날 때부터 기름 부음을 받은 자 곧 왕이 일어나기까지 일곱 이레와 예순두 이레가

지날 것이요 그 곤란한 동안에 성이 중건되어 광장과 거리가 세워질 것이며 26 예순두 이레 후에 기름 부음을 받은 자가 끊어져 없어질 것이며 장차 한 왕의 백성이 와서 그 성읍과 성소를 무너뜨리려니와 그의 마지막은 홍수에 휩쓸림 같을 것이며 또 끝까지 전쟁이 있으리니 황폐할 것이 작정되었느니라 (다니엘 9장)

이 예언은 69이레(일곱 이레와 예순두 이레) 후에 그리스도가 죽임을 당할 것을 진술하고 있습니다. 연대기적으로 이 예언을 정리하면 이와 같습니다.

1) 그리스도가 왕으로 등장하고(그리스도의 초림이 가정됨)
2) 그리스도가 끊어져 없어지고(그리스도의 죽음)
3) 그 성읍(예루살렘)과 성소(하나님의 성전)의 파괴
4) 그 성읍과 성소가 끝까지 전쟁에 의해 황폐할 것

그리스도 왕의 등장과 죽음이 예루살렘 성과 성전의 파괴보다 먼저 이루어져야 이 예언을 성취하게 되는 것입니다. 예수님 당시에 예루살렘 성과 성전은 파괴되지 않은 상태였습니다. 예수님이 십자가에서 죽음을 맞

이한 후에 "끝까지 전쟁이 있으리니 예루살렘이 황폐할 것"을 예언한 대로 AD 70년, 로마제국에 의해 하나님의 성전이 불타고 예루살렘 성이 파괴되어 폐허가 됩니다. 그러므로 오늘날 우리는 다니엘서 9장 26절 말씀이 문자적으로 성취된 것을 알 수 있습니다.

이제 자세하게 살펴보겠습니다. 성경은 예수 그리스도가 왕으로 등장한 후 "기름부음을 받은 자(그리스도)가 끊어져 없어질 것"이라고 예언하였습니다. "끊어져"라는 히브리어 단어 '카라트'는 "사형 선고를 받는다"는 의미입니다(레위기 7:20). 유대의 종교지도자들이 예수님을 죽이기로 작정하고 예수님을 빌라도 총독에게 끌고 갔습니다. 빌라도는 세 번이나 예수님을 심리했지만 예수님에게서 죄를 찾을 수가 없었습니다(누가복음 23:20~25). 그러나 종교지도자들이 백성들을 선동하여 민란을 일으키려 했습니다. 빌라도 총독은 어쩔 수 없이 법정판결로 예수님에게 십자가형을 언도하였습니다.

십자가에 못 박히신 예수 그리스도
(Mattias Gruenewald가 그린 "The Crucifixion")

예수 그리스도의 십자가의 연대

44 때가 제육시쯤 되어 해가 빛을 잃고 온 땅에 어둠이 임하여 제구시까지 계속하며 45 성소의 휘장이 한가운데가 찢어지더라 46 예수께서 큰 소리로 불러 이르시되 아버지 내 영혼을 아버지 손에 부탁하나이다 하고 이 말씀을 하신 후 숨지시니라 (누가복음 23장)

예수님은 십자가에서 언제 돌아가셨을까요? 정확한 연대와 날짜를 알 수 있을까요? 성경과 역사 그리고 비약적으로 발전한 과학을 통해서 살펴보겠습니다. 성경 문맥상의 암시와 역사를 함께 살펴보게 되면 예수님의 십자가 처형 날짜에 대해서 알 수 있습니다.[25] 역사가 코르넬리우스 타키투스(Cornelius Tacitus)가 쓴 <연대기(Annales)>는 십자가 처형이 본디오 빌라도가 유대총독이었던 AD 26~36년 사이에 일어났다는 성경의 기록과 일치하고 있습니다. 성경은 유대인의 안식일 시작 직전인 금요일 오후에 예수님이 돌아가셨음을 기록하고 있습니다(요한복음 19:31). 또한 예수님은 니산월 14일 해질녘 전, 즉 유월절 식사 시작 직전에 돌아가셨

---

25) Humphreys CJ, Waddington WG. The Jewish calendar, a lunar eclipse and the date of Christ's crucifixion. Tyndale Bulletin. 1992:43(2):331-351.

습니다.

예수님 시대의 유대인들은 유대력과 로마력을 동시에 사용했습니다. [26] 유대력은 하루를 일몰에서 시작해서 다음날 일몰까지로 계산합니다. 하지만 로마력은 오늘날 우리가 사용하는 것과 같은 자정을 기준으로 하루를 계산하였습니다. 이와 같은 일이 예수님 당시의 유대인들이나 오늘날 복음서를 읽는 우리에게 약간의 혼동을 일으킵니다. 그때를 유대력을 기준으로 재구성하면 이렇습니다. 예수님은 13일과 14일 사이의 일몰, 즉 14일이 시작되는 저녁에 제자들과 최후의 만찬으로 알려진 유월절 식사를 하셨습니다. 이 시간은 로마력으로는 13일이 됩니다. 그리고 14일 목

---

26) (1) 유대력과 로마력은 하루의 기준이 다르다. 유월절 양을 잡는 날은 유대력으로 보나 로마력으로 보나 14일이다. 하지만 양고기를 먹는 유월절 식사는 일몰 후가 되므로 유대력으로는 15일이나, 로마력으로는 14일 밤이 되는 것이다. 유대력으로 사용하는 구약성경을 보면, 니산월 14일이 양을 잡는 유월절이고(출애굽기 12:1~11, 레위기 23:5, 민수기 9:5, 에스라 6:19), 그 다음날 15일부터 7일 동안 무교절로 지켰다(레위기 23:6, 역대하 35:17, 민수기 33:3). 신약시대에 유대력뿐만 아니라 로마의 지배아래서 로마력을 함께 사용하면서 유월절과 무교절은 혼동되었다. 실제로 1세기의 유대문헌과 자료를 보면, 유대인들은 유월절과 무교절을 혼동하고 있다. 더 정확하게 말하면, 신약시대에는 유월절과 무교절을 따로 구분하지 않는다(마태복음 26:17, 마가복음 14:12, 누가복음 22:7). 출처(무엇이든지 물어보세요).
(2) Beyer DW. Josephus reexamined: Unraveling the twenty-second year of Tiberius. In Vardaman EJ (ed), Chronos, kairos, Chistos II: chronological, nativity, and religious studies in memory of Ray Summers. Macon GA: Mercer University Press, 1998. p85~96.
(3) 김무현. 성경적 세계관 세우기. 말씀과 만남. 2004. p189-190.

요일 밤(로마력 13일 밤)에 병사들에게 붙잡히셨고, 14일 금요일 새벽(로마력 14일)에 재판을 받으셨으며, 14일 금요일 제 3시(로마력 오전 9시)에 십자가에 못 박히셨고, 14일 금요일 제 9시(로마력 오후 3시)에 돌아가셨습니다 (마가복음 15:25, 33~37, 마태복음 27:45~50).

　예수님이 십자가에서 돌아가신 시간은 14일 오후 3시로 이 시간부터 시작하여 저녁 해질 때까지로 유월절 양을 도살하는 시간이었습니다(고린도전서 5:7). 예수님은 유월절 어린 양으로 십자가에서 희생되신 것입니다. 하나님께서 애굽을 심판하실 때 각 집안의 장자를 대신하여 유월절 양이 죽임을 당했습니다(출애굽기 12:1~14). 유월절 양이 죽임을 당할 뿐만 아니라, 그 피가 대문에 뿌려져야 했고, 그 고기는 식구들이 식탁에 모여서 먹어야 했습니다. 유월절 어린 양의 피가 이스라엘의 장자들의 생명을 건졌듯이, 예수 그리스도의 보배로운 피가 세상 사람들의 생명을 건진 것입니다. 유월절 양을 먹은 집의 장자가 생명의 건짐을 받았듯이, 예수 그리스도의 피가 내 생명을 구원해 주셨다는 것을 믿는 사람들은 구원 받게 됩니다.

　그리고 예수님은 14일과 15일 사이의 일몰 때에 무덤에 장사되셨습니다. 일몰 후가 되면 안식일로 들어가기 때문에 서둘러야만 했습니다(요한복음 19:31). 14일과 15일 사이의 15일 저녁(로마력 14일 금요일 일몰 후)은 무교절이었고 안식일이었습니다. 안식일은 15일 일몰까지였습니다. 그리고 안식 후 첫날 즉, 16일(로마력 16일 일요일 새벽) 이른 아침에 예수님은 부활하셨습니다(마가복음 16:9). 안식 후 첫날 새벽의 부활은 유대력으로나, 로마력으로나 사흘 만의 부활이었습니다.

그렇다면 예수님은 유월절 양을 도살하는 니산월 14일이면서 금요일에 돌아가신 것이 확실합니다. 역사적으로 빌라도 총독 11년 통치기간 중에 니산월 14일이면서 금요일이 겹치는 날은 오직 AD 30년 4월 7일과 33년 4월 3일 뿐입니다. 그렇다면 이 두 날 중 한 날에 예수님이 십자가에 달리셨을 것입니다.

과거에는 이들 후보 중에서 AD 30년을 지지하는 사람들이 꽤 많았습니다. 그 근거는 역사가 요세푸스의 <고대사>에 헤롯대왕이 BC 4년에 죽었다고 기록하고 있는데, 예수님이 탄생하시던 해에 유대를 통치하던 헤롯대왕이 사망하였기 때문입니다(마태복음 2:19). 바로 헤롯대왕이 죽은 해가 예수님의 탄생 연도가 되는 것입니다. 그렇다면 예수님이 태어나신 해는 BC 4년이 됩니다. 예수님이 30세 때 공적인 생애를 시작하셨고(누가복음 3:23)[27], 요한복음에는 공적인 생애 기간 동안 예수님이 유월절을 4번 지냈다고 기록되어 있습니다(요한복음 2:13, 5:1, 6:4, 13:1). 그래서 예수님의 공생애 기간을 적어도 3년 반으로 잡습니다. 이렇게 계산하면 예수님은 33세에 십자가에 달리신 것이고, 그날은 AD 30년 4월 7일이 예수님이 돌아가셨던 날이 되는 것입니다.

그러나 성경 자체적인 증거로는 AD 30년이 될 수 없음이 확실합니다. 성경에서는 세례 요한의 사역 시작 시기를 "디베료 황제가 통치한 지 열다섯 해"라고 밝히고 있습니다(누가복음 3:1~3). 로마의 디베료 황제(티베리우스, Tiberius Caesar)는 AD 14년 8월 19일에 황제에 즉위했고, 그로부터 15년째면 AD 28/29년이 될 것입니다.[28] 이때부터 세례 요한이 1년 정도 사역을 하였고, 그가 감옥에 갇혔을 때를 기점으로 예수님의 공적인 사역이 3년 반 정도 이루어졌습니다. 그렇다면 AD 30년에 예수님이 십자가

---

27) "예수께서 가르치심을 시작하실 때에 삼십 세쯤 되시니라 사람들이 아는 대로는 요셉의 아들이니 요셉의 위는 헬리요" (누가복음 3:23) 정확한 역사가인 누가는 예수님의 공적인 생애의 시작이 딱 삼십 세가 아니라 "삼십 세 쯤"이라고 밝히고 있다.

28) Edwards O. Herodian Chronology, PEQ 114 (1982); idem, The Time of Christ. 1986. p102, 196.

형을 받았다는 것은 불가능한 것입니다.

베드로의 오순절 설교에서도 우리는 십자가의 날에 있었던 또 다른 징조를 알 수 있습니다. 베드로는 "성령이 말하게 하심을 따라 다른 언어들로 말하는 것"은 요엘을 통해서 예언하신 예언의 부분적인 성취라고 선언하였습니다(사도행전 2:16~21).[29]

¹⁹ 또 내가 위로 하늘에서는 기사를 아래로 땅에서는 징조를 베풀리니 곧 피와 불과 연기로다 ²⁰ 주의 크고 영화로운 날이 이르기 전에 해가 변하여 어두워지고 달이 변하여 피가 되리라 (사도행전 2장)

19절과 20절에 묘사되어 있는 자연계를 통해 계시된 기사와 표적들은 베드로가 설교할 당시의 상황에서 더욱 호소력을 발휘할 수 있었을 것입니다. 왜냐하면 예루살렘 사람들은 예수님께서 십자가에 못 박히실 때 해가 변하여 어두워지고 달이 변하여 피가 되는 것을 실제로 목격했으며,

---

29) 이스라엘이 예수님을 그리스도로 받아들이지 않았기 때문에, 요엘서 2장의 예언도 부분적으로만 성취되었다. 이스라엘이 회개하는 시점은 반드시 올 것인데(스가랴 12:10-14), 그들이 그렇게 회개할 때 그 예언이 온전히 성취될 것이다.

그 사건이 일어난 지 7주 정도 밖에 지나지 않았기 때문입니다. 그리고 주님께서 십자가에 못박히신 날 오후의 유월절 보름달도 핏빛으로 보였음이 틀림없습니다. 20세기 최고의 신약 학자였던 F. F. 브루스는 이와 같은 확신을 <사도행전> 주석에서 밝히고 있습니다.[30]

월식 때에 볼 수 있는 핏빛으로 변한 달[31]

---

30) F. F. 브루스 성경주석 사도행전(상). 서울. 아가페출판사. 1989. p85~89.
31) 2000년 7월 16일에 하와이 마우이(Maui)에서 촬영한 월식 사진이다. 1시간 47분 동안 핏빛으로 변한 달(Blood Moon)을 관측할 수 있었다.

달이 변하여 피가 된다는 말은 월식을 의미합니다. 왜 피같이 붉을까요? 그것은 지구의 그림자 때문입니다. 월식이 되면 달은 태양으로부터 직접 빛을 받지 못하고, 오직 지구의 대기권으로부터 굴절된 희미한 빛을 받게 되어 붉게 보입니다. 케플러 방정식으로 월식이 역사적으로 발생한 때를 정확하게 결정할 수 있는데, NASA 월식 홈페이지에서는 월식이 있었던 연도와 함께 자세한 날짜와 어느 지역에서 어느 시간대에 얼마의 시간 동안 관찰할 수 있었는지에 대한 정보를 제공하고 있습니다.[32] 유대 총독으로 있었던 빌라도의 임기 동안 예루살렘에서 유월절에 월식을 볼 수 있었던 것은 단 한 번, AD 33년 4월 3일입니다.

Calender Date	Eclipse Type	Saros Series	Umbral Magnitude [1]	Eclipse Duration [2]	Description/Event
0014 Sep 27	Total	66	1.665	03h36m 01h38m	Death of Augustus Note
0033 Apr 03	Partial	71	0.576	02h50m	Crucifixion of Christ? See References
0071 Mar 04	Partial	53	0.407	02h19m	Pliny - Two Eclipses in 15 Days "For the eclipse of both sun and moon within 15 days of each other has occured even in our time, in the year of the third consulship of the elder Emperor Vespasian and the second consulship of the younger." from Pliny, "Natural History"

유대 총독으로 있었던 빌라도의 임기(AD 26-36년)동안 예루살렘에서 유월절에 월식을 볼 수 있었던 것은 단 한 번, AD 33년 4월 3일이다.[33]

---

32) http://www.mreclipse.com/LEphoto/TLE2000Jul/image/TLE2000Jul16trio2w.JPG
    NASA 월식 홈페이지 http://eclipse.gsfc.nasa.gov/LEhistory/LEhistory.html
33) NASA 월식 홈페이지 http://eclipse.gsfc.nasa.gov/LEhistory/LEhistory.html

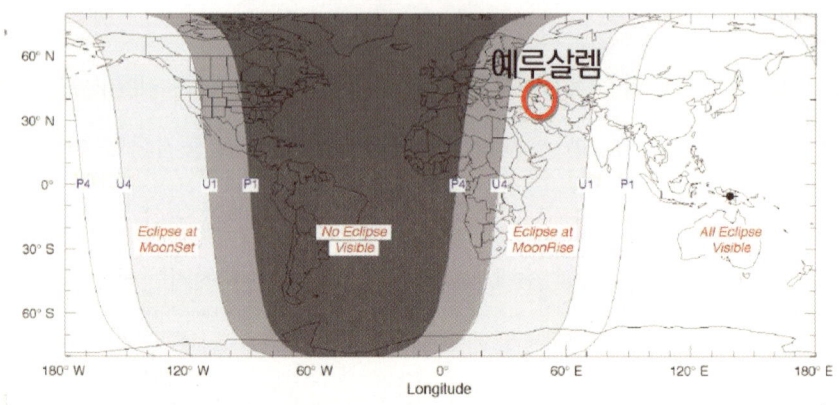

AD 33년 4월 3일에 있었던 월식은 예루살렘에서 달이 뜨는 시간에 볼 수 있었음을 밝힌다(NASA 월식 홈페이지에서 제공하는 자료).[34] 참고 내용에는 다음과 같이 기록하고 있다. "십자가형 당일 달이 뜰 때 예루살렘에서 월식은 관측 가능했다. 오후 3시 40분 월식의 시작은 달이 지평선 아래에 있었기에 예루살렘에서 관찰할 수 없었다. 오후 6시 20분에 달이 지평선 위로 올라왔는데 이 시각은 유대인의 안식일이 시작되는 때이고, AD 33년의 유월절의 시작이기도 하다. 그때 달의 약 20%가 가려져 있었고, 월식은 6시 51분에 끝났다."

달이 예루살렘의 지평선 위로 떠올랐을 때, 그것은 월식이었고, 핏빛으로 변한 달이었습니다. AD 33년 4월 3일 저녁에 떠오른 보름달이 유대인의 안식일과 유월절의 시작 신호였습니다. 유대인들이 유월절 식사를 기념했을 때 밝은 보름달을 기대했을 것입니다. 그러나 예수님이 운명하신 후에 나타난 보름달은 핏빛으로 애통하는 모습이었습니다. 어두운 태양과 피같이 변한 달은 다가오는 심판에 대한 전조입니다. 요한계시록도

---

34) NASA 월식 홈페이지 http://eclipse.gsfc.nasa.gov/LEhistory/LEhistory.html

비슷한 표적이 모든 사람에 대한 마지막 심판 때에 있을 것을 말하고 있습니다. 그러나 십자가에서는 죄인들에게 내려졌어야 할 심판이 죄 없으신 구주에게 내려진 것입니다.

캠브리지대학교 유체공학 교수 콜린 험프레이즈(Colin Humphreys)와 옥스퍼드대학교 천체물리 교수 와딩톤(Waddington)은 예수님의 십자가의 날을 계산하여 1983년 <Nature>지에 실었습니다. 다음과 같이 연구 결과를 요약하고 있습니다.

"예수께서 정확히 언제 십자가에 달리셨는가에 대한 많은 논쟁이 있었음에도 불구하고 그 연도와 날짜에 대한 합의된 결론은 아직까지 없다. 천문학적인 계산법을 사용하여 유대력을 재구성해 보고, 성경과 다른 참고 문헌에서 발견되는 예수께서 십자가에 달리실 때 있었던 월식의 날짜를 계산하였다. 이런 증거들로 계산된 예수께서 운명하신 날은 AD 33년 4월 3일 금요일이다."[35]

---

35) Colin J. Humphreys, W. G. Waddington. Dating the Crucifixion. Nature. 1983:306;743-746. Colin J. Humphreys, W. G. Waddington. Crucifixion date. Nature. 1990:348;684. "이런 월식을 예루살렘에서는 볼 수 없었을 것이라고 주장한 쉐이퍼의 논문에 대해 토론했다. 그러나 쉐이퍼의 작업에는 몇 가지 오류(고도는 더 낮게 계산, 습도는 예외적으로 높게 잡음)가 있다. 따라서 우리는 우리의 결론이 수정되어야 할 필요가 있다고 생각하지 않는다… AD 33년 4월 3일의 월식은 예루살렘에서 달이 뜰 때 볼 수 있었다는 것을 우리는 발견하였다."

⁵⁰ 예수께서 다시 크게 소리 지르시고 영혼이 떠나시니라 ⁵¹ 이에 성소 휘장이 위로부터 아래까지 찢어져 둘이 되고 땅이 진동하며 바위가 터지고… ⁵⁴ 백부장과 및 함께 예수를 지키던 자들이 지진과 그 일어난 일들을 보고 심히 두려워하여 이르되 이는 진실로 하나님의 아들이었도다 하더라 (마태복음 27장)

지질학자인 제퍼슨 윌리암즈(Jefferson B. Williams) 등은 성경시대의 지진이 예수님의 십자가의 연도를 밝혀냈다고 최근 국제지질학회지에 보고하였습니다.[36] 이들은 예수님이 십자가에서 운명하실 때에 지진이 일어났다는 마태복음 27장 말씀에 기초하여 실제로 그때 지진이 일어났는지를 조사했습니다. 이들은 예수님의 십자가 사건 즈음에 실제 지진현상이 있었음을 확인하였고, 그 날짜는 AD 33년 4월 3일이 역사적인 증거와 가장 일치한다고 발표하였습니다.

이전에 AD 30년을 십자가의 날이라고 하는데 호의적이었던 저명한 연대학자인 잭 피네건(Jack Finegan)은 AD 33년을 지지하는 <성경연대기

---

[36] Williams JB, Schwab MJ, Brauer A. An early first-century earthquake in the Dead Sea. International Geological Review. 2012:10:1219-1228.

핸드북(Handbook of Biblical Chronology)> 개정판을 출간했습니다.[37] 결론적으로 말하자면 AD 33년 4월 3일에 예수님이 십자가에 달리셨음을 성경과 역사가 증명하고 있는 것입니다.

69이레에 예수님은 왕으로 예루살렘에 입성하셨습니다. 유대인들이 기대했던 것처럼 백마를 타고 오는 정복자로 입성하지 않고 스가랴 9장 9절에 있는 예언대로 나귀를 타고 겸손히 인류를 죄에서 구원하시기 위해 그리스도요, 왕으로 입성하셨습니다. 니산월 14일, 유월절 어린 양들이 죽임당하는 날에 모세가 예언한 것처럼 예수님도 세상의 죄를 지고 가는 하나님의 어린 양으로 십자가에서 돌아가셨습니다(출애굽기 12:6, 요한복음 1:29). 예수님이 십자가에 못박혀 피 흘려 죽으심으로 인해 우리의 죄를 눈보다 더 희게 씻어주셨습니다. 이 예수님의 보혈(보배로운 피)은 능력이 있습니다. 이 예수님을 믿는 자마다 죄 사함을 받고 죄에서 자유를 얻습니다.

우리는 그리스도 안에서 그의 은혜의 풍성함을 따라 그의 피로 말미암아

---

37) Finegan J. Handbook of Biblical Chronology: Principles of Time Reckoning in the Ancient World and Problems of Chronology in the Bible, 2nd ed. 1998.

속량 곧 죄 사함을 받았느니라 (에베소서 1:7)

예수님께서 예언된 그날에 나귀를 타시고, 그리스도요 왕으로 환호를 받으시면서 예루살렘에 입성하시고, 예언대로 거부당하시고 십자가형을 당하셨다는 것은 부인할 수 없는 역사적 사실입니다.

예루살렘 성과 성전의 파괴

예순두 이레 후에 기름 부음을 받은 자가 끊어져 없어질 것이며 장차 한 왕의 백성이 와서 그 성읍과 성소를 무너뜨리려니와 그의 마지막은 홍수에 휩쓸림 같을 것이며 또 끝까지 전쟁이 있으리니 황폐할 것이 작정되었느니라 (다니엘 9:26)

우리는 예루살렘을 중건하라는 영이 날 때부터 69이레가 되는 시점에 그리스도가 왕으로 등장할 것이라는 예언이 문자적으로 정확하게 성취된 것을 확인했습니다. 하나님은 69이레 후에 그리스도의 죽음과 예루살렘 성과 성전의 파괴를 예언하고 있습니다. 69이레 후면 자연스럽게 마지막 70번째 이레로 이어지는 것이 맞습니다. 그러나 다니엘 9장 26절에서 69이레 이후에 있을 세 가지 사건을 예언하신 후에 27절에서 마지막 한 이레를 예언하는 것으로 볼 때, 69이레와 마지막 70번째 이레 사이에 특정하지 않는 간격(삽입) 기간이 있음을 알 수 있습니다. 그러므로 그리스도의 죽음과 예루살렘 성 그리고 성전의 파괴는 마지막 70번째 이레 기간 동안에 있는 것이 아니라 69이레 이후 마지막 70번째 이레 사이의 간격 기간에 이루어지는 예언일 것입니다.

69이레 후에 "기름 부음을 받은 자가 끊어져 없어질 것"을 예언한 대로 예수 그리스도께서 십자가형을 당하심으로써 33년 4월 3일에 성취되었습니다. 그 후에 "장차 한 왕의 백성이 와서 그 성읍(예루살렘)과 성소를 무너뜨릴 것"을 예언한 대로 로마제국의 타이터스 장군이 와서 예루살렘 성과 성전을 불태움으로써 70년 8월 28일에 성취되었습니다. 그 후에 "또 끝까지 전쟁이 있으리니 황폐할 것이 작정되었다"라고 예언한 대로 로마제국의 하드리아누스 황제가 바르 코크바 반란을 진압하러 와서 132~135년에 예루살렘을 완전히 황폐하게 함으로써 이 예언이 성취되었습니다.

이제 26절에는 그리스도가 죽으신 이후에 "장차 한 왕의 백성이 와서 그 성읍(예루살렘 성)과 성소(하나님의 성전)를 무너뜨릴 것"이라고 예언되어 있습니다. 여기에서 "한 왕의 백성"[38]은 로마제국을 상징합니다. 70년 8월 28일에 로마의 베스파시아누스(Vespasianus) 황제의 아들 타이터스(Titus, 디도) 장군이 예루살렘 성과 하나님의 성전을 잿더미로 만들었습니다. 그 때 당시의 상황을 기록했던 역사가 요세푸스는 <유대전쟁사>에서 유대인 가운데 무려 111만 명이나 죽었고 9만 7천명의 유대인들이 포로로 끌려갔으며 성전은 예수님께서 예언하신 대로 돌 위에 돌 하나 남기지 아니하고(마태복음 24:2) 다 무너졌다고 기록하고 있습니다.

"예루살렘이 포위된 기간 동안 포로로 잡힌 자의 수는 97,000명에 달했으며, 사망자 수는 1,110,000명에 달했다. 이 사망자 수의 대부분은 예루살렘 시민이 아닌 유대인이었다. 이들은 유대국 각지의 주민들로서 무교절을 지키기 위해 예루살렘을 방문했다가 갑자기 로마군에 의해 포위당한 유대인들이었다."[39]

26절의 예언이 역사 속에서 문자 그대로 성취되었습니다.

---

38) 더 정확한 의미는 "장차 올 왕"이다.
39) 요세푸스(김지찬 역). 유대 전쟁사 제 3권. 생명의 말씀사. 1987. p602.

로마에 있는 타이터스의 개선문

로마의 타이터스 개선문에 새겨진 것으로 로마군인들이 성전을 불태우고 성전의 기물을 메고 로마로 입성하는 장면이다.

| 7 | 62 | 62 후 | | 1 |

성 중건 영
니산월 1일,
BC 444. 3. 5.

메시아, 왕으로
니산월 10일,
AD 33. 3. 30.

십자가 형
니산월 14일,
AD 33. 4. 3.

성과 성전 파괴
아빕월 9일,
AD 70. 8. 28.

70이레의 시작점으로부터 69(7+62)이레에 이루어질 예언과 69이레 이후에 예언된 3가지 예언도 순서대로 역사 속에서 성취되었다. 성경은 살아계신 하나님의 말씀이다. 그러므로 우리는 이제 '마지막 1이레'도 반드시 역사에서 성취될 것을 확신할 수 있다.

마지막 70번째 이레

이제 마지막 한 이레가 남아있습니다. 69이레 이후 예수 그리스도가 죽임을 당하고 예루살렘 성과 성전이 파괴되었습니다. 그리고 곧 바로 나머지 한 이레로 연결되는 것으로 보이지 않습니다. 69이레 이후에 그리스도가 끊어진 후 마지막 70번째 이레가 시작되기까지 간격 기간이 있습니다. 예수 그리스도께서 죽으신 후 하나님은 유대인들을 바로 다루신 것이 아니라, 이 기간 동안 이방 민족들에게 복음을 전파하도록 섭리하셨습니다. 안타깝게도 예수님이 오셨던 땅, 그리고 하나님의 율법이 계시되었던 땅의 민족 이스라엘은 예수 그리스도를 거절한 채 상당 기간을 지내왔습니다. 이스라엘이 예수 그리스도를 거절하였을 때, 하나님의 예언의 시간은 멈췄습니다. 그러므로 69이레는 다 끝났고 "한 이레" 마지막 7년이라는 예언의 시간이 남았습니다. 그 69이레의 시간이 멈추고 나머지 한 이레가 시작되기 전이 바로 지금 우리가 살고 있는 "교회 시대"입니다. 나머지 한 이레는 앞으로 다가오고 있는 "7년 환난기"입니다.

그가 장차 많은 사람들과 더불어 한 이레 동안의 언약을 굳게 맺고 그가 그 이레의 절반에 제사와 예물을 금지할 것이며 또 포악하여 가증한 것이 날개를 의지하여 설 것이며 또 이미 정한 종말까지 진노가 황폐하게 하는 자에게 쏟아지리라 하였느니라 하니라 (다니엘 9:27)

7년 환난기는 "그"로 예언된 한 인물이 등장합니다. 그는 다니엘서 9장 26절의 예루살렘과 하나님의 성전을 파괴한 '장차 (올) 한 왕'과 같은 기원을 가진 자입니다. 그것이 이미 로마제국이므로, 이 이름을 밝히지 않은 왕은 분명히 옛 로마제국에 기반을 둔 인물일 것입니다. 우리가 궁금한 것은 그가 왜 "장차 많은 사람들과 더불어 한 이레 동안의 언약"을 맺느냐는 점입니다. 암시적인 실마리는 27절 언약의 내용에 제시되어 있습니다. 70번째 이레의 절반에 제사와 예물을 금지한다는 것이 실제로 그 열쇠입니다.

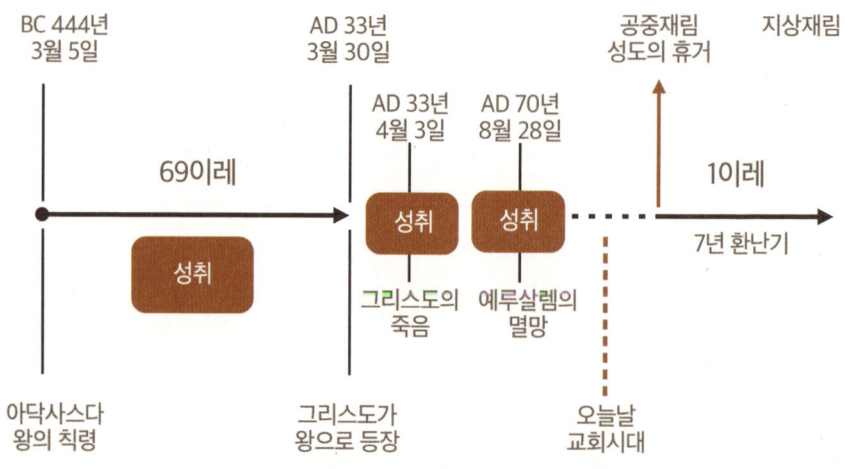

70이레 예언의 전반부의 성취와 장차 이루어질 마지막 1이레

분명히 그는 이스라엘과 언약을 맺고 성전을 건립하게 하고 성전 제사를 회복시켜 줄 것입니다. 이스라엘 사람들의 소원은 현재 이슬람의 황금

돔 사원이 서 있는 성전산에 하나님의 성전을 다시 세우는 것입니다. 이스라엘은 1967년 "6일 전쟁"을 통해 예루살렘을 회복하였지만, 이슬람 세력들의 반대로 황금돔 사원이 있는 성전산은 현재 이슬람 관리 하에 있습니다. 그런데 유대인들은 능력이 많은 한 인물에게 그리스도의 소망을 걸고 그와 언약을 맺고 성전을 다시 세우고 성전 제사와 예물 드리는 것을 회복할 것입니다. 그는 "많은 사람들"로 일컫는 이스라엘과 이슬람 중동 국가들 사이에 7년 평화 조약을 맺게 하고 이스라엘의 안전을 보장해주며 하나님의 성전을 짓고 성전 제사를 지내도록 허용해 줄 것입니다.

하나님의 성전산 위에 세워져 있는 이슬람의 황금돔 사원

그러나 그가 한 이레의 절반인 3년 반이 되었을 때에 결정적으로 변심하여 조약을 파기함으로써 성전 제사와 예물을 금지할 것입니다. 그리고 "포악하고 가증한 것이 날개를 의지하여 설 것"이라고 했는데, 이는 자신의 우상을 지성소 안 그룹(천사)의 날개가 있는 언약궤 위에 세울 것을 예언하는 것입니다. 그리고 그는 자신이 하나님이라고 하며 성전에 앉아 경배를 요구할 것입니다(데살로니가후서 2:3, 4). 예수님께서 다니엘서 9장 27절에 대한 해석을 우리에게 직접 해주십니다(마태복음 24:15, 21). "그"로 예언된 인물은 하나님을 대적하는 적그리스도입니다.

15 그러므로 너희가 선지자 다니엘이 말한바 멸망의 가증한 것이 거룩한 곳에 선 것을 보거든 (읽는 자는 깨달을진저) … 21 이는 그때에 큰 환난이 있겠음이라 창세로부터 지금까지 이런 환난이 없었고 후에도 없으리라 (마태복음 24장)

그때에야 비로소 유대인들은 적그리스도가 그들의 그리스도가 아니라 2천 년 전에 그들이 알지 못하여 십자가에 못 박았던 예수님이 그들의 진정한 그리스도임을 깨닫게 될 것입니다. 그 순간 유대인들은 자신들의 죄를 회개하고 예수님을 그들의 그리스도로 믿는 영적 회복이 일어날 것입니다. 우리가 사는 이 시대는 하나님의 마지막 예언이 이루어질 그 순간을 바로 눈앞에 두고 있는 시점이라는 것을 기억하십시오. 7년 환난기의 시작을 알리는 신호탄은 적그리스도의 등장과 제3성전의 건립입니다. 이 두 가지 중에 적그리스도는 강력한 정치력을 가진 지도자이면서 환난기 초기에 평화적인 인물로 나타나기 때문에 그가 누구인지를 환난기에 들어가기까지 알기가 어려울 것입니다. 그러나 제3성전 건립과 관련된 일들이 구체적으로 진행되고 있다면 7년 환난기가 가까움을 알리는 명백한 신호탄이 될 것입니다.[40]

이 70이레 예언은 다니엘의 백성인 유대인들에게 해당되므로 신약 교회의 성도들과 아무 관련이 없습니다. 구약 성도들에게 계시되지 않은 69이레 이후의 간격 기간이 교회 시대에 해당합니다. 간격 기간이 끝나면서 예수 그리스도께서 공중에 오셔서 믿는 자들을 끌어올리시면 이 땅에 남아 있는 믿지 않은 유대인들과 이방인들은 마지막 한 이레인 7년 환난기로 들어갈 것입니다. 성경은 고린도전서 15장에서 교회에게 비밀을 말하고 있습니다. 이 비밀은 마지막 나팔에 순식간에 홀연히 다 변화될

---

40) 제1성전은 솔로몬이 건축한 성전이고, 제2성전은 스룹바벨이 건축하고 헤롯왕이 재건축한 헤롯성전을 의미한다.

소망을 말하고 있습니다. 나팔 소리가 날 때 예수님을 믿고 죽은 성도들이 다시 살아나고, 살아있는 믿는 자들도 변화를 입게 될 것입니다.

51 보라 내가 너희에게 비밀을 말하노니 우리가 다 잠 잘 것이 아니요 마지막 나팔에 순식간에 홀연히 다 변화되리니 52 나팔 소리가 나매 죽은 자들이 썩지 아니할 것으로 다시 살아나고 우리도 변화되리라 (고린도전서 15장)

데살로니가전서에서는 이 비밀에 대해서 구체적으로 밝혀줍니다. 주님께서 호령과 천사장의 소리와 하나님의 나팔 소리로 친히 하늘로부터 강림하실 때 그리스도 안에서 죽은 자들을 먼저 부활시키고, 그 후에 살아있는 그리스도인들을 구름 속으로 끌어 올려 공중에서 주님을 영접하게 할 것입니다(데살로니가전서 4:16~18). 이것을 "교회의 휴거"라고 부릅니다. 왜냐하면, 교회만을 "그리스도 안에" 있다고 말할 수 있기 때문입니다.

성경이 말하는 비밀은 그리스도의 공중재림 때에 그리스도 안에 있는 자들이 휴거되는 것입니다. 데살로니가전서 4장 17절을 보면 "끌어 올려"라는 의미의 헬라어 단어 하르파조(harpazo)가 사용되었습니다. 이 헬라어 단어는 '붙잡다' 혹은 '잡아채다'라는 의미를 가지고 있습니다.[41] 휴거 때에 살아 있는 그리스도인들은 그리스도에 의해 잡아채지거나 붙들려 이 세상으로부터 사라질 것입니다.[42] 이 모든 것은 순식간에 일어날 것입니다.

성경은 그리스도의 재림이 두 단계로 이루어질 것을 말합니다. 먼저는 그리스도께서 교회를 위하여 하늘로부터 공중으로 재림하시고(공중재림), 그 후에 그리스도께서 교회와 함께 공중으로부터 지상으로 재림하실 것입니다(지상재림). 그리스도의 공중재림이 일어날 때 그리스도 안에서 죽은 자들이 부활하고 이 땅에 살아남아 있는 믿는 자들이 함께 구름 속으로 끌어올려가 공중에서 주님을 영접할 것입니다. 믿는 자들이 공중으로 들림을 받은 후에 이 땅에는 오직 믿지 않는 자들만이 남아서 7년 환난기로 들어갑니다. 공중에서 그리스도가 지상재림하실 때에 공중에서 그리스도와 함께 있던 믿는 자들도 지상으로 오게 될 것입니다. 그리스도가 지상으로 재림하실 때에 7년 환난기가 마쳐지고 그리스도께서 1,000년

---

41) 휴거(rapture)는 "낚아 올리다"는 뜻의 라틴어 동사 "rapere"에서 나온 말로 라틴역 성경(Latin Vulgate)의 데살로니가전서 4장 17절에 사용되었다.
42) D. 제프리 빙햄, 글렌 R. 크라이더(임채의 역). 세대주의와 구속사. CLC, 2022. p262.

간 통치하는 그리스도의 천년왕국이 시작될 것입니다(이사야 2:4, 11:6~10, 요한계시록 11:15, 20:1~6).

16 주께서 호령과 천사장의 소리와 하나님의 나팔 소리로 친히 하늘로부터 강림하시리니 그리스도 안에서 죽은 자들이 먼저 일어나고 17 그 후에 우리 살아남은 자들도 그들과 함께 구름 속으로 끌어 올려 공중에서 주를 영접하게 하시리니 그리하여 우리가 항상 주와 함께 있으리라 18 그러므로 이러한 말로 서로 위로하라 (데살로니가전서 4장)

믿는 자들의 휴거가 정말 있을까?

성경이 전하는 휴거에 대한 말씀에 대해서 의문을 품는 사람들이 있습니다. 휴거에 대한 가르침은 데살로니가전서 4장뿐만 아니라 데살로니가후서 2장 1절에서도 말씀하고 있습니다.

형제들아 우리가 너희에게 구하는 것은 우리 주 예수 그리스도의 강림하심과 우리가 그 앞에 모임에 관하여 (데살로니가후서 2:1)

이 밖에도 휴거를 가리키는 구절로는 요한복음 14장 1~4절, 고린도전서 15장 51~54절, 빌립보서 3장 20~21절, 데살로니가전서 1장 10절, 히브리서 9장 28절, 요한일서 3장 2절, 요한계시록 22장 7절과 20절 등이 있습니다. 휴거는 성경이 가르치는 명백한 진리이며 예수 그리스도의 약속입니다.

과거에 이미 죽었으나 부활할 성도들과 살아 있다가 새로운 몸으로 변화를 입을 성도들은, 공중에서 주님을 만나기 위해 함께 하늘로 들림을 받을 것입니다. 그것을 기점으로 성도들은 영원히 주님과 함께 할 것입니다. 이 놀라운 진리는 성도들에게 위로를 주고(데살로니가전서 4:18), 성도들로 하나님께 감사와 찬양을 올리게 합니다(고린도전서 15:57). 이것은 또한, 성도들로 그들의 믿음 안에서 견실하며 흔들리지 않게 하고, 항상 주님의 일에 더욱 힘쓰는 자들이 되도록 격려합니다(고린도전서 15:58).

실제로 예수님께서는 부활하신 후에 승천하셨습니다. 예수님뿐만 아니라 죽음을 보지 않고 올라간 에녹(창세기 5:21~24)과 엘리야(열왕기하 2:11)가 있었습니다. 휴거는 눈 깜짝할 사이에 순식간에 일어납니다(고린도전서 15:52). 이것은 세상 사람은 할 수 없으나 하나님에게는 가능한 기적이요 믿는 자들에 대한 약속입니다. 그러므로 믿는 자들의 휴거 또한 성경이 말한 그대로 반드시 이루어질 것입니다.

믿는 자들의 휴거는 언제 일어날까?

우리가 다니엘서와 요한계시록을 통해 지금까지 살펴 본 7년 환난기에 대해서 학자들 사이에 이견이 없습니다. 69이레 이후의 그리스도의 죽음과 예루살렘 성과 성전의 파괴가 일어난 후 오늘날 우리는 마지막 70번째 이레가 시작되기 전인 "간격 기간"에 있습니다. 이 간격 기간이 얼마 동안 지속될 것인지에 대해서는 언급되어 있지 않습니다. 하지만 27절에서 70번째 이레의 기간에 일어날 것이라고 언급된 사건들은 아직 일어나지 않은 것으로 보입니다. 따라서 그 간격은 지금 이 순간까지 2,000년간 연장되어 온 셈입니다.

간격 기간이 있는 이유는 무엇일까요? 그것은 아무도 마지막 날을 점치지 못하게 하기 위해서입니다. 또한 모든 이들이 구원받기를 원하는 하나님의 배려이자 계획입니다. 전 세계적인, 역사 이래 전무후무한 환난의 시작은 주님의 공중재림과 믿는 자들의 휴거가 있은 직후에 있을 것임을 성경이 말씀하고 있습니다. 믿는 자들의 휴거는 환난 전에 이루어질 것입니다(데살로니가전서 1:10).[43] 예수님께서 하늘로부터 공중으로 재림하실 때에 곧 다가올 하나님의 진노로부터 믿는 자들을 건져주실 것임을 말씀하고 있습니다.

---

43) 환난 전 휴거를 변호하는 확실한 논거가 있다.
   첫째, 논거는 임박성의 교리이다. 만일 "휴거 이전에 선행되는 사건은 없다"라고 사도들이 가르쳤다면, 휴거는 환난 전에 일어나야 한다. 초대 교회는 어느 것이든 일어나기 이전에 휴거가 발생할 것이라고 가르침을 받았음에 틀림없다. 사도 바울은 죽을 수밖에 없는 이 유한한 몸이, 그의 영원한 몸에 의해 삼켜지기를 바란다. 이것은 휴거될 때 이루어질 것이다(고린도후서 5:2-4, 빌립보서 3:11). 초대 교회 성도들은 다음에 성취될 예언적 사건이 교회의 부활과 휴거를 기대했을 것이다.
   둘째, "장래의 노하심에서 우리를 건지시는" 분이 예수님이라고 명시되어 있기 때문이다(데살로니가전서 1:10, 5:9). 환난기에 들어간 자들은 "진노의 큰 날이 이르렀으니"(요한계시록 6:17)라고 말한다. 왜냐하면, 환난은 하나님의 진노의 한 표현인데, 교회 시대의 성도들은 그 진노의 대상이 아니다. 결론적으로 휴거는 환난이 시작되기 이전에 있을 것이다.
   셋째, "네가 나의 인내의 말씀을 지켰은즉 내가 또한 너를 지켜 시험의 때를 면하게 하리니 이는 장차 온 세상에 땅에 거하는 자들을 시험할 때"(요한계시록 3:10)라고 기록되어 있다. 이 구절은 앞으로 있을 환난에 대한 분명한 예언이다. 빌라델비아 교회를 환난 동안 혹은 환난을 통과하면서 보호하고 보살핀다는 것이 아니라 그들이 환난의 때를 겪지 않게 하신다는 약속이다. 그러므로 교회 시대의 성도들은 환난기 동안 이 땅에 있지 않을 것이다. 요한계시록 2장과 3장 말씀은 지상에 있는 교회들에게 하신 말씀이다. 어느 한 교회에게 말씀하신 내용은, 곧 모든 교회에게 말씀하시는 내용이다(요한계시록 2:7, 11, 17, 29; 3:6, 13, 22). 이런 경고와 약속은 현세대의 모든 교회를 위한 것이다.
   넷째, 7년 환난기에 구원받고 살아 있는 자들은 천년 왕국에 들어갈 것이다. 그들은 자녀를 낳고 일상적인 삶을 살 것이다. 이사야 선지자는 앞으로 올 시대에 있을, 어린아이들과 젖 먹는 아이들 그리고 젖 뗀 어린아이들을 언급한다(이사야 11:6-8). 사람들은 작물을 심으며 아이를 낳을 것이고(이사야 65:21-23), 긴 수명을 살은 후에 생을 마감할 것이다(이사야 65:20). 천년왕국의 거주민들에게서 태어난 많은 아이는 결국 천년왕국이 끝날 때 사탄의 미혹을 받고 하나님을 대항해 반란을 일으킬 것이다(요한계시록 20:7-9). 교회의 휴거가 환난이 끝나는 시점에 일어나는 것은 불가능하다. 환난 후 휴거가 발생할 것이라고 주장하는 견해를 따르면, 모든 사람이 부활하고 하늘의 몸을 입게 된다. 그러나 문제는 그렇게 되면, 그들은 아이를 낳을 수가 없게 된다. 만일 환난 전 휴거라면 사람들은 환난기간 동안에 회심할 것이다. 그리고 만일 그들이 그 끔찍한 기간을 통과한다면, 환난기간에 구원받는 자들은 자연적인 몸을 가지고 왕국에 들어갈 것이다. 그들은 천년왕국에서 함께 거주할 것이고 아이를 낳을 것이다. 결론적으로 환난 전 휴거는 다른 성경본문과 완벽하게 조화를 이룬다. (D. 제프리 빙햄, 글렌 R. 크라이더(임채의 역). 세대주의와 구속사. CLC, 2022. p264-265).

또 죽은 자들 가운데서 다시 살리신 그의 아들이 하늘로부터 강림하실 것을 너희가 어떻게 기다리는지를 말하니 이는 장래의 노하심에서 우리를 건지시는 예수시니라 (데살로니가전서 1:10)

우리가 사는 오늘날은?

그가 장차 많은 사람들과 더불어 한 이레 동안의 언약을 굳게 맺고 그가 그 이레의 절반에 제사와 예물을 금지할 것이며 또 포악하여 가증한 것이 날개를 의지하여 설 것이며 또 이미 정한 종말까지 진노가 황폐하게 하는 자에게 쏟아지리라 하였느니라 하니라 (다니엘 9:27)

    다니엘서 9장 27절에서 마지막 70번째 이레가 하나님의 진노가 쏟아지는 7년 환난기라고 말씀하고 있습니다. 환난이 시작하는 시점에 대해서도 분명하게 말씀하고 있습니다. "그"가 장차 많은 사람들과 더불어 한 이레 동안의 언약을 굳게 맺습니다. 환난이 시작하기 전에 "그"로 표현되는 적그리스도가 등장할 것입니다. 적그리스도는 강력한 통치자로 등장하여 이스라엘과 더불어 7년간의 평화 조약을 맺고 이슬람 사원이 서 있는 성전산에 하나님의 성전을 지을 수 있게 할 것입니다. 이제 이 예언이 성취되면 그제야 이방인들의 때가 끝나면서 환난이 시작될 것입니다.

경건한 유대인들의 소망은 성전산에 제3성전을 건립하는 것입니다. 남자들은 통곡의 벽에서, 여자들은 지성소가 가까운 서쪽 벽 터널 안에서 성전이 건축되기를 기도하고 있습니다. 유대인들이 회당 예배에서 하루도 빠지지 않고 드리는 공동 기도문에는 성전 건축이 포함되어 있습니다. "여호와 우리 하나님, 가장 거룩한 성소에서의 예배를 회복시켜 주옵소서!"[44] 유대인들은 성전 건립의 필요성을 그 무엇보다 중요하게 여깁니다. 그 이유는 성전이 건립이 될 때 그리스도가 오신다고 믿기 때문입니다.

몇 년 전 예루살렘 서쪽 벽 터널에 들어갔습니다. 그때 가이드한 연로한 랍비 이스라엘 아리엘(Yisrael Ariel)은 눈을 지그시 감으면서 유대인들이 성전으로 올라갈 때 부르는 찬송을 불렀습니다. 찬송을 마친 후에 랍비는 손으로 성전산을 가리키면서 "반드시 성전산에 제3성전이 건축될 것입니다"라고 말했습니다. 그때 예수님이 언제라도 오실 수 있는 시간을 내

---

44) Philip Birnbaum. Daily Prayer Book: Ha-Siddur Ha-Shalem. Hebrew Publishing Co., 1977. Morining Service, p90.

종교유대인들은 그들의 회당 예배에서 매일같이 성전 건축과 성전에서의 예배 회복을 위해 공동으로 기도를 드린다.

가 살고 있음이 마음에 충격으로 다가왔습니다.

1987년 이스라엘 아리엘은 제3성전 건립을 목적으로 성전연구소(The Temple Institute)를 예루살렘에 세웠습니다. 이스라엘을 갈 때 이곳을 방문하는데, 성전에서 사용될 기구들과 의복들을 제작하여 전시하고 있습니다. 서쪽벽 가까운 곳에는 60kg의 순금 한 덩어리를 다듬고 쳐서 등대(메노라)를 제작하여 전시하고 있습니다. 이것이 제3성전이 건립되면 성소에 들어갈 등대라고 합니다. 2005년 성전 건립에 필요한 산헤드린 공회가 구성되었습니다. 2015년 성전연구소에서 제3성전의 청사진을 발표했습니다. 제사장의 결격 사유가 없는 레위 지파 사람들로 제사장 훈련을 시키고 있으며, 2016년 산헤드린 공회는 랍비 바룩 카하네(Baruch Kahane)를 대제사장으로 임명하고, 예루살렘에서 성전 제사를 재현했습니다.

30억 원을 들여 성전 촛대(메노라)를 제작하여 통곡의 벽에서 가까운 곳에 전시하고 있다.
이것은 제3성전이 건립되면 성전에 세워질 것이다.

AD 70년 로마제국의 타이터스에 의해 성전이 파괴된 이후 지금에 이르기까지 성전은 재건되지 못했습니다. 그리고 성전산에는 638년 이슬람 사람들이 황금돔 사원을 세웠습니다. 1967년 '6일 전쟁'으로 이스라엘이 예루살렘을 수복하고서도 이슬람 국가들과의 전면전을 피하기 위해 성전산 관리만큼은 요르단왕국에 맡겼습니다. 최근 성전 관련 연구에 뛰어난 학자로 평가받고 있는 히브리대학교 아셀 카우프만(Asher S. Kaufman) 교수는 지성소의 위치가 황금돔 사원 자리가 아니라 거기에서 북쪽 45m 지점에 있는 아랍인들이 "영들의 돔 또는 돌판의 돔"이라 부르는 곳이라고 밝히고 있습니다.[45)]

케임브리지 대학교에서 초기 기독교 역사를 공부했으며 예루살렘에 대한 성경 시대에 관해 폭넓게 연구해왔던 옥스퍼드대학교 피터 워커(Peter Walker) 교수는 최근에 출판한 <예수의 발자취를 따라서>에 다음과 같이 기록하고 있습니다.

"정통 유대교인들이 이곳(성전산)에 들어가는 것을 금지하는 규칙도 있다. 그들이 이전 성전의 지성소를 덮은 지역을 자신도 모르게 밟을 위험이

---

45) Asher S. Kaufman Jerusalem: Har Year'ah Press, 2004. p184.
   월터 C. 카이저(김혜경 역). 마지막 때에 관한 설교. CLC, 2014. p217.

있기 때문이다. 지성소의 정확한 위치는 오랫동안 논쟁이 되는 주제이다. 지성소가 이 유적지에서 가장 높은 바위- 즉 바위의 돔 중앙에 있는 바위-를 덮고 있었을 것이라고 보는 주장이 있다. 하지만 더 북서쪽으로, 아마도 (성전 터의 동쪽 벽에 있는) '황금 문'과 나란히 있었을 것으로 생각하는 사람들도 있다. 그렇다면 작은 '영들의 돔'이 올바른 위치를 기념하는 건축물일 수도 있다."[46]

히브리대학교 아셀 카우프만 교수는 이슬람 황금돔 사원의 북서쪽 45m 지점에 있는 영들의 돔(돌판의 돔)을 지성소 자리라고 주장한다.

---

46) 피터 워커(박세혁 역). 예수의 발자취를 따라서. CPU, 2022. p343.

그렇다면 제3성전은 황금돔 사원을 파괴하지 않고서도 원래의 자리에 건축할 수 있을 것입니다.

우리는 마지막 때에 관한 날짜를 정확하게 점칠 수는 없지만, 대략적인 시간표는 알 수 있습니다. 성전 건축은 매우 임박한 일입니다. 그러므로 우리는 예수 그리스도의 공중재림이 매우 가까운 마지막 시대를 살아가고 있는 것입니다.

예수 그리스도를 믿는 성도들은 순식간에 홀연히 변화되어 부활한 성도들과 함께 구름 속으로 끌어 올려 공중에서 주님을 영접할 것입니다. 그러나 이 땅에 남아있는 믿지 않는 자들은 역사적으로 전무후무한 7년 환난기 속으로 들어갈 것입니다. 모든 성도들은 하나님께서 말씀하시고, 또 그 말씀하신 것을 반드시 이루신다는 사실로 인해 위로를 받습니다. 예수님께서 우리를 데리러 다시 오신다고 약속하셨기 때문에 반드시 다시 오실 것입니다. 믿는 자에게는 다시 오시는 구주 예수 그리스도를 만날 복스러운 소망이 있습니다.

13 복스러운 소망과 우리의 크신 하나님 구주 예수 그리스도의 영광이 나

타나심을 기다리게 하셨으니 14 그가 우리를 대신하여 자신을 주심은 모든 불법에서 우리를 속량하시고 우리를 깨끗하게 하사 선한 일을 열심히 하는 자기 백성이 되게 하려 하심이라 (디도서 2장)

그러나 당신이 아직 예수 그리스도를 믿지 않고 있을 때 예수님이 다시 오신다면 당신은 7년 환난으로 들어갈 것입니다. 하나님께서 당신을 사랑하셔서 하나님의 독생하신 아들 예수님을 이 땅에 보내주셨습니다. 예수님은 십자가에서 당신의 죄를 대신하여 고난 받으시고 죽으심으로 당신의 모든 죄를 담당해 주셨습니다. 또한 무덤에 장사되셨지만 죽음의 권세를 이기시고 3일 만에 무덤에서 다시 살아나셔서 믿는 자들을 의롭게 하셨습니다. 당신의 죄를 용서하여 주시고 심판과 지옥 형벌에서 구원하여 주신 구주이신 예수님을 주님으로 믿으시고 장차 있을 하나님의 진노로부터 구원함을 받으시길 바랍니다.

예언의 완전한 성취

70이레 예언이 역사적으로 어떻게 성취되었는지 연대표를 면밀히 살펴보십시오. 다시 한번 강조하지만, 이 예언이 예수님의 생애에 의도적으로 짜 맞추기 위해 성경에 덧붙여졌을 가능성은 전혀 없습니다. 여러분! 모든 우주와 생명을 무(無)에서 유(有)로 창조하시고 그의 뜻대로 역사를 운행하시고 주관하시는 하나님을 인정하시고 그분께 무릎 꿇기를 바랍니다.

BC 540년경 다니엘이 예언을 끝내다.
BC 516년 예루살렘에 성전이 재건되다.
BC 444년 3월 5일 예루살렘 성을 재건하라는 칙령이 내려지다.
AD 33년 예수님이 성전 파괴를 예언하다.
AD 33년 3월 30일 예수 그리스도가 왕으로 예루살렘에 입성하시다.
AD 33년 4월 3일 예수 그리스도가 십자가에 못 박히시다.
AD 45~60년 최초의 복음서인 마가복음이 기록되다.
AD 70년 8월 28일 로마가 예루살렘에 있는 성전을 잿더미로 만들다.
AD 132~135년 바르 코크바 전쟁으로 예루살렘이 완전히 황폐하게 되다.
AD 1948년 이스라엘이 기적적으로 독립하다.
AD 1967년 이스라엘이 예루살렘을 장악하다.
AD 1987년 성전연구소가 발족되어 성전 기물을 만들고 제사장을 교육

하다.

AD 2005년 산헤드린 공회는 제3성전의 설계도를 만들어 발표하다.

AD 2016년 산헤드린 공회는 대제사장을 임명하고, 예루살렘에서 성전 제사를 재현하다.

6장

성경과 세계정세로 보는 주님의 재림

6장

성경과 세계정세로 보는 주님의 재림

"속보입니다. 2월 6일 새벽 4시경에 7.8 진도 지진이 튀르키예(Turkey)에서 발생했습니다. 급하게 대피한 사람들은 살아남았지만, 그렇지 못한 사람들은 건물과 함께 땅속으로 사라졌습니다."

당시만 해도 사망자가 몇 백 명 정도였으나 이후 사망자 수는 눈덩이처럼 불어났고 속속 현장에서 전해주는 소식은 대재앙이었습니다. 2022년 2월 14일 당시 사망자는 4만 명에 육박했고, 앞으로 최대 10만 명 이상까지 내다 보았습니다. 세계인들은 튀르키예, 시리아와 레바논에 걸쳐 일어난 '세기의 재앙'을 접하면서 놀라움을 금치 못하고 있습니다.

2022년 10월, 러시아가 전쟁에서 수세에 몰리고 핵무기 사용을 논의하면서, 인류 최후의 전쟁 아마겟돈의 위험이 최고 수준에 이르렀다고 말했다.[47]

    2022년 세계인을 놀라게 한 우크라이나 전쟁이 점점 러시아 대 서방의 전쟁으로 격화하면서 전쟁의 끝이 보이지 않고 있습니다. 우크라이나 전쟁에서 러시아가 수세에 몰리자 2022년 10월에 푸틴은 전술핵 미사일 사용을 검토하겠다고 했습니다. 미국 바이든 대통령은 즉각 "러시아가 핵무기를 쓰면 아마겟돈이 온다!"라고 푸틴에게 경고장을 날렸습니다. 바이든은 러시아가 핵무기를 사용할 경우 미국도 핵무기로 반격하겠다

---

47) YTN, 2022년 10월 7일 보도

면서 성경에 예언된 인류 최후의 전쟁, 아마겟돈 전쟁이 발발할 수 있음을 강력하게 경고했습니다. 전쟁이 1년 이상 계속되면서 막대한 인명 피해, 핵무기 보유 강대국 간의 충돌 위험 고조, 미국과 중국 간의 갈등 첨예화, 군비 증강이나 에너지 확보 경쟁 등 많은 문제를 양산하면서 전쟁은 더 위험한 국면으로 치닫고 있습니다.

지금 이 시대를 분별하라!

예수님께서는 우리가 살아가는 지금 이 시대를 분별하고 옳은 일을 결정하고 살 것을 말씀하셨습니다(누가복음 12:54-59). 이스라엘 백성들은 천지의 기상은 잘 분간할 줄 알았습니다. 그들은 서쪽 지중해에서 구름이 일어나는 것을 보면 곧 소나기가 쏟아질 것을 알고 안전한 장소로 피했습니다. 광야에서 뜨거운 남풍이 불어오면 심히 더울 것을 알고 일을 나갈 때 시원한 복장을 하고 물을 준비해 갑니다. 이렇게 그들은 기상을 잘 분별하고 옳게 행동했습니다. 하지만 그들은 인간 역사 가운데 임한 중요한 시대는 깨닫지 못하였고, 그러기에 옳은 것을 스스로 판단하지도 못했습니다.

외식하는 자여 너희가 천지의 기상은 분간할 줄 알면서 어찌 이 시대는 분간하지 못하느냐? 또 어찌하여 옳은 것을 스스로 판단하지 아니하느냐?
(누가복음 12:56-57)

    예수님은 세상살이는 빠삭하면서 자신들이 살아가는 시대의 중요성을 분별하지 못하는 백성들을 책망하셨습니다. 우리가 살아가는 이 시대가 하나님의 시간표에서 어디쯤 살고 있는지를 안다면 우리는 어떻게 사는 것이 옳은지를 판단하며 살 수 있을 것입니다.

주님의 재림과 환난기의 시작을 알리는 징조들

    예수님께서 감람산 위에 앉으셨을 때에 제자들이 조용히 와서 물었습니다(마태복음 24:3). "주의 임하심과 세상 끝에는 무슨 징조가 있습니까?" 예수님은 묻는 제자들을 책망하지 않으시고 징조를 하나씩 가르쳐주셨습니다. 재림의 징조를 분명하게 알고 이 시대를 올바르게 분별하여 옳은 삶을 살라고 예수님께서 말씀해 주신 것입니다. 예수님은 자신의 재림이 가까이 옴을 우리가 잘 알 수 있도록 많은 징조와 예언을 성경에 기록해 놓으셨습니다. 놀라운 사실은 이 모든 징조가 매일 더 또렷해지고 있다는 것입니다.

마태복음 24장에서 '주의 임하심과 세상 끝'에 있을 징조들을 예수님께서 말씀하셨습니다. 이 본문의 예언은 전적으로 주님의 지상재림 전의 환란기(마태복음 24:9-31)와 연결되고, 마태복음 24:4-8절은 주님의 공중재림과 환란기의 시작을 알리는 징조들로 볼 수 있습니다. 이 징조들로 거짓 그리스도들의 등장(5절)과 국가 간 그리고 민족 간 분쟁과 전쟁(6-7절), 곳곳에 발생하는 기근과 지진(7절), 전염병(누가복음 21:11)을 말씀하셨습니다. 이와 같은 징조들은 역사 이래 늘 있었습니다. 그렇다면 주님의 재림과 관련된 이 징조들은 정확히 무엇을 의미할까요?

8절에서 "이 모든 것은 재난의 시작이라"고 말씀합니다. '재난'으로 번역된 헬라어 '오딘(ωδίν)'은 아기를 출산할 때 산모가 겪는 고통 즉 산통(birth pains)을 의미합니다. 산통이 처음에는 약하고 가끔 있다가 점점 빨라지면서 강해지다가 아기가 태어나듯이 주님의 재림을 알리는 이 징조들의 발생 횟수가 점점 더 많아지고, 발생 강도가 점점 더 강하게 나타나다가 성도들은 공중에 오시는 주님께로 휴거가 될 것입니다. 그리고 불신자들은 7년 환난기로 들어갈 것입니다.

거짓 그리스도들의 등장

많은 사람들이 내 이름으로 와서 이르되 나는 그리스도라 하여 많은 사람을 미혹하리라 (마태복음 24:5)

우리나라에만도 재림 예수라고 주장하는 거짓 그리스도가 50명이 넘고, 세계적으로 그 숫자가 사상 최대인 1,500명 이상으로 급증하고 있습니다(크리스챤 투데이 2000). 역사적으로 비상한 능력이 있다고 하여 추종자들이 따랐던 사기꾼들이 꽤 있었습니다. 오늘날 거짓 그리스도들은 특히 유럽과 아프리카에 많으며 그중 대표적인 러시아의 비사리온 종교 지도자는 추종자들이 1천만 명이 넘고 있습니다.

전쟁과 분쟁의 소식

난리와 난리 소문을 듣겠으나 너희는 삼가 두려워하지 말라... 민족이 민족을, 나라가 나라를 대적하여 일어나겠고... (마태복음 24:6-7)

예수님 이래로 수많은 전쟁이 있었습니다. 그러나 오늘날 우리는 매일같이 전쟁과 분쟁의 소식을 접하고 있습니다. 세계적으로 현재 23개 국가가 분쟁과 전쟁을 겪고 있고, 러시아가 우크라이나를 침략하는 전쟁이 우리 눈앞에서 벌어지고 있습니다. 이스라엘과 팔레스타인 무장 단체인 하마스 간 전쟁이 2023년 10월에 발발하였습니다. 유대 안식일을 노린 하마스의 기습 공격과 이에 반격한 이스라엘의 보복 공격으로 양측의 사망자 수가 계속 늘어나고 있습니다. 이 전쟁에 레바논 무장단체 헤즈볼라가 참전을 선언했고, 이란도 참전하겠다고 계속 경고하고 있습니다. 오늘날 우리는 전쟁과 전쟁 소문을 확성기로 듣고 있습니다.

세계적 기근

곳곳에 기근과 지진이 있으리니 (마태복음 24:7)

2020년 세계기아지수(Global Hunger Index)에 의하면 기근(굶주림)으로 생명의 위협을 받는 나라가 51개국이며 세계 인구의 10%가 된다고 합니다. 유엔 산하 기구인 세계식량계획(WFP)과 식량농업기구(FAO)가 발표한

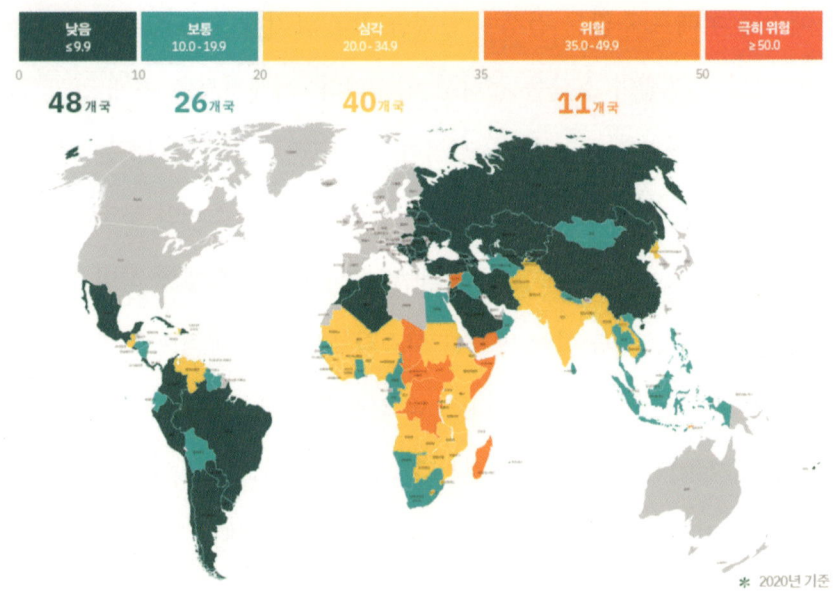

2020년 세계기아지수(Global Hunger Index)에 의하면 기근(굶주림)으로 생명의 위협을 받는 나라가 51개국이라고 발표하고 있다.

공동 보고서에서 세계 곳곳에 식량 위기가 임박했음을 다음과 같이 경고했습니다. "가뭄과 같은 기후 충격, 코로나19, 우크라이나 전쟁에 따른 식량 및 에너지 가격 급등으로 식량 위기가 다가오고 있다."

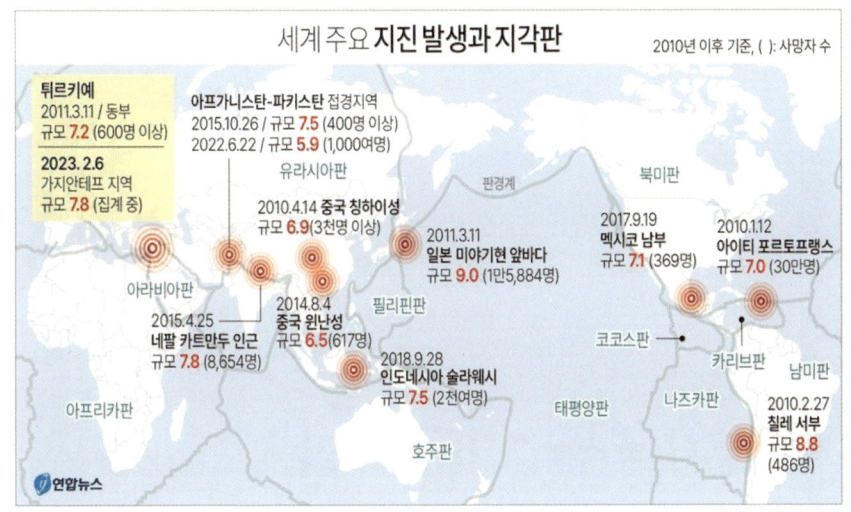

2010년 이후 기준으로 전 세계적으로 강진이 발생하고 있음을 보여주고 있다.[48]

세계적 지진

곳곳에 기근과 지진이 있으리니 (마태복음 24:7)

   역사적으로 수많은 지진이 있었습니다. 하지만 2000년을 넘어서면서 강진이 전 세계 곳곳에 발생하고 발생 횟수도 급증하고 있습니다. 미국지

---

48) 연합뉴스, 2023년 2월 6일자 보도

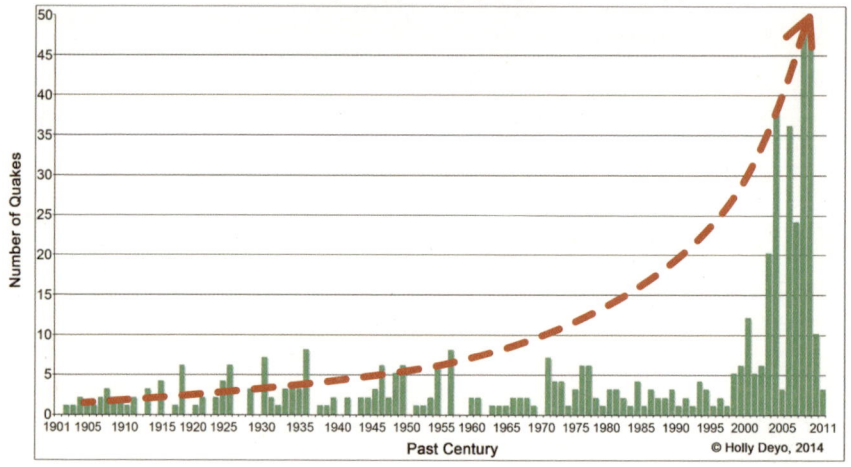

미국지질조사국(2014)에서 전세계적으로 강도 6~8의 치명적이고 파괴적인 지진의 발생 빈도가 기하급수적으로 증가하고 있음을 보고하고 있다.

질조사국(2014)에서 전세계적으로 강도 6~8의 치명적이고 파괴적인 지진의 발생 빈도가 기하급수적으로 증가하고 있음을 보고하고 있습니다. 2023년 2월 세기의 대재앙이라 불리는 튀르키예와 시리아에서 발생한 지진은 엄청난 인명과 재산 피해를 내고 있습니다. 2023년 9월 모로코에 최대 지진이 발생하였고, 2023년 10월 아프가니스탄에 강한 지진이 일어나 도시 전체가 폐허가 되었습니다. 이전에는 우리나라는 강진으로부터 상대적으로 안전한 지역으로 분류되었습니다. 하지만 1978년 기상청에서 공식적으로 지진 관측을 시작한 이후 규모가 큰 지진들이 한반도 내

에볼라부터 시작하여 사스, 메르스, 코로나까지 점차 급증하는 전염병이 전세계를 위협하고 있다.

류에서도 발생하고 있습니다. 기상청 국가화산지진센터(2020)는 우리나라의 지진발생 빈도도 기하급수적으로 증가하고 있다고 보고하고 있습니다.

세계적 전염병

곳곳에 큰 지진과 기근과 전염병이 있겠고… (누가복음 21:11)

현대의학이 발달해서 예전에 많은 생명을 앗아갔던 전염병들을 막고 있으나, 근래에 새로운 전염병들이 속출하고 있습니다. 2003년 사스, 2014년 에볼라, 2015년 메르스 그리고 2020년 코로나 전염병에 의해 역사 이래로 세계가 동시적으로 3년째 위협을 받고 있습니다. 세계보건기구(WHO)에서 2023년 6월 21일 현재 전 세계적으로 코로나바이러스에 확진된 사람은 7억 6,871만 명이고, 코로나로 인한 사망자는 694만 명으로 보고하고 있습니다.[49]

과학자들도 지구 종말 가능성을 경고하고 있다!

2023년 1월 26일, 미국핵과학자회(BAS)에서는 지구종말시계를 '자정 90초 전'으로 발표했습니다. 과학자들도 핵무기와 기상 이변 등으로 지구 종말 가능성이 아주 높음을 '분 단위도 아닌 초 단위'로 강하게 경고하고 있습니다. 한계치를 넘어 종말로 치닫는 21세기 기후 재난 시나리오를 밝혀낸 리포트 '거주불능 지구'로 세계적인 반향을 불러일으켰던 데이비

---

49) WHO Coronavirus (COVID-19) Dashboard (https://covid19.who.int/)

드 W. 웰스는 2050년이면 지구는 거주불능 상태가 될 것이라고 경고하고 있습니다. '살인적인 폭염'부터 '반복되는 팬데믹'에 이르기까지 우리의 상식과 사회의 근간을 뒤엎을 기후재난의 실제와 미래를 경고하고 있습니다.

우리 눈앞에 벌어지는 충격적인 일들이 주님의 재림과 마지막 때가 가까이 왔음을 확성기로 경고하고 있습니다. 주님의 재림을 알리는 징조들은 점점 더 강하게, 점점 더 빠르게 나타나다가 성도들은 공중에 오시는 주님께로 끌어올려질 것이고, 불신자들은 환란기로 들어갈 것입니다.

이스라엘을 대적하는 곡과 마곡의 전쟁

에스겔서 38장과 39장에는 마지막 때에 일어날 "곡과 마곡의 전쟁"을 예언하고 있습니다. 곡은 마곡 땅의 통치자를 말합니다. 고대 역사가들(요세푸스, 헤로도투스, 필로 등)과 유대 랍비 문헌에서는 '마곡'이 흑해와 카스피해 북쪽의 광대한 아시아 지역을 다스렸던 스키타이인들을 상징하는 것으로 오늘날 "러시아"라고 보고 있습니다. 또한 곡의 군대들이 이스라

러시아는 이슬람 국가들의 맹주들인 이란과 튀르키예와 강력한 동맹을 맺고 있다.

엘의 '북쪽 끝(Far North)에서부터' 온다고 언급된 구절들(38:15, 39:2)로 볼 때도 이스라엘의 정북방에 있는 러시아를 가리킨다고 할 수 있습니다.

이 예언에서는 러시아와 동맹을 맺는 나라들을 구체적으로 언급하고 있습니다(겔38:5-6). 첫째는 바사(Persia)로서, 오늘날의 이란으로 파키스탄, 아프가니스탄까지로 확장할 수 있습니다. 이어 나오는 구스(Cush)는 오늘날의 에티오피아입니다. 붓(Put)은 오늘날의 리비아로 알제리와 튀

니지까지로 확장할 수 있습니다. 고멜(Gomer)은 튀르키예 서부 지역으로, 도갈마(Thogarma)는 튀르키예 동부지역으로 볼 수 있습니다. 놀라운 것은 이스라엘을 둘러싸고 있는 러시아의 동맹국들을 시계방향으로 하나씩 하나씩 순서대로 예언하고 있습니다. 이 전쟁은 이스라엘을 둘러싸고 있는 러시아와 이슬람 연합 세력들이 사방에서 이스라엘을 침략하는 전쟁이 될 것입니다. 러시아와 동맹을 맺는 국가들의 공통점은 종교적으로 이슬람이 우세한 국가들이며, 오늘날 러시아와 군사·정치적 동맹을 이미 맺고 있는 점을 주목할 필요가 있습니다.

러시아는 세계 군사 제2위국이고, 핵무기를 가장 많이 보유하고 있는 강대국입니다. 현재 우크라이나를 침략하고 있으나 엄청난 경제적 타격을 받고 있습니다. 또한, 러시아 제재에 동참하고 있는 유럽연합 국가들은 러시아의 천연가스에 대한 의존을 줄이기 위한 대안으로 2022년 6월에 이스라엘과 천연가스 공급 계약을 맺었습니다. 그동안 유럽에서 천연가스 공급 능력을 통해 '철권'을 휘두르던 러시아의 영향력도 크게 줄일 수 있을 것으로 내다보고 있습니다. 러시아는 결국 엄청난 경제적 타격을 받고 "물건을 겁탈하며 노략할" 목적으로 이스라엘을 침략하게 될 가능

유럽연합은 천연가스의 러시아 의존도를 낮추기 위해서 에너지 신생강국으로 떠오르는 이스라엘과 계약을 체결하고 있다.[50]

성이 높습니다(에스겔 38:12). 오늘날 곡과 마곡의 전쟁이 일어날 수 있는 배경이 서서히 조성되는 것으로 볼 때 우리가 살아가는 오늘에 어쩌면 주님께서 오실 수 있습니다.

"어쩌면 오늘"(Perhaps Today) 이 시간에 주님께서 오실 수 있습니다. 성도들은 우리를 충만한 그분의 영광으로 이끄시기 위해 '곧 오실 주님'

---

50) 중앙일보, 2022년 6월 16일자 보도

을 소망하면서 "항상 주의 일에 더욱 힘쓰는 자들이 되라"라는 권면을 받습니다(고린도전서 15:58). 또한, 주님께서 나타나실 때 그분과 같게 될 소망을 가진 자마다 "그(주님)의 깨끗하심과 같이 자기를 깨끗하게" 하는 거룩한 삶을 살아갈 것입니다(요한일서 3:3). "우리 주여 오시옵소서!"(고린도전서 16:22) 마라나타!

예수님이 하신 예언

예수님이 하신 예언

"예수 그리스도가 누구인가?"라는 질문에 대한 논쟁은 지난 2천 년간 계속되었습니다. 사람들은 예수님을 하나님의 아들, 인류의 구원자, 광신자, 사기꾼 또는 혁명가였다고 다양하게 생각합니다. 오늘날 대부분의 우리나라 사람들은 예수님을 4대 성인 중에 한 분으로서, 사람들의 추앙을 받는 분으로 배우고 있지만, 성경과 예수님이 자신에 대하여 어떻게 주장하고 있는지는 알지 못하고 있습니다.

예수님은 자신을 누구라고 증거하고 있을까?

예수님은 종교 지도자들과 많은 논쟁을 하면서 한번은 자신에 대한 주장 때문에 생명을 잃을 뻔했습니다. 왜냐하면, 예수님이 하나님께서 모세에게 주신 하나님의 이름을 말했기 때문입니다. 하나님은 모세에게 자신의 이름을 밝히셨습니다.

13 모세가 하나님께 아뢰되 내가 이스라엘 자손에게 가서 이르기를 너희의 조상의 하나님이 나를 너희에게 보내셨다 하면 그들이 내게 묻기를 그의 이름이 무엇이냐 하리니 내가 무엇이라고 그들에게 말하리이까 14 하나님이 모세에게 이르시되 나는 스스로 있는 자이니라(I AM!) 또 이르시되 너는 이스라엘 자손에게 이같이 이르기를 스스로 있는 자가 나를 너희에게 보내셨다 하라 (출애굽기 3장)

하나님은 "스스로 있는 자"이십니다. 이 뜻은 하나님은 영원하시며 시간을 초월하시는 만물의 창조주이심을 뜻합니다.[51] 이 이름은 거룩하여 유대인들이 감히 이를 발음조차도 하지 않았습니다. 그런데 이 하나님의 거룩하신 이름을 말씀하셨을 뿐만 아니라 예수님 자신을 지칭하는데 사용하셨습니다. 이렇게 예수님이 말씀하시자 예수님을 반대하는 무리들

---

51) 모어랜드, 팀 뮬호프. 이렇게 답하라. 새물결플러스, 2009. p85.

이 즉각적으로 돌을 들어 예수님을 치려고 한 것입니다. 예수님은 자신이 "만물을 창조하신 영원하신 하나님"이시라고 주장한 것입니다.

58 예수께서 이르시되 진실로 진실로 너희에게 이르노니 아브라함이 나기 전부터 내가 있느니라(I AM!) 하시니 59 그들이 돌을 들어 치려하거늘 예수께서 숨어 성전에서 나가시니라 (요한복음 8장)

성경은 예수님이 인간의 몸을 입고 오신 하나님 즉, 성육신하신 하나님이시며, 만물의 창조주이심을 증거하고 있습니다.

15 그는 보이지 아니하는 하나님의 형상이시요 모든 피조물보다 먼저 나신이시니 16 만물이 그에게서 창조되되 하늘과 땅에서 보이는 것들과 보이지 않는 것들과 혹은 왕권들이나 주권들이나 통치자들이나 권세들이나 만물이 다 그로 말미암고 그를 위하여 창조되었고 17 또한 그가 만물보다 먼저 계시고 만물이 그 안에 함께 섰느니라 (골로새서 1장)

예수님은 단지 사람에 불과한 존재가 아니었습니다. 그분은 이 세상 그 누구와도 비교할 수 없이 탁월하신 분이시며 사람으로 나타나신 하나님이십니다. 그래서 예수님은 "나를 본 자는 아버지를 보았거늘"(요한복음 14:9)이라고 말씀하셨습니다. 이 세상 어느 종교 창시자도 자신을 하나님이라고 주장한 사람은 없었습니다. 이슬람교의 마호메트도 불교의 석가모니도 모두 이러한 주장을 하지 않았습니다.

예수님이 하나님이시라면 그가 모든 것에 대한 절대적인 권위를 가지고 계실 것입니다. 천지만물을 창조하셨기에 천지만물을 능히 다스릴 수 있는 통치권자이시며 미래를 예언하시고 성취하실 수 있는 절대 권위자이십니다. 우리는 예수님께서 지상에서 하신 예언을 통해서 예수님이 누구이신지를 알 수 있습니다.

예루살렘과 성전의 파괴에 대한 예언

예수님은 성전의 파괴를 예언하셨습니다. 예루살렘에 있는 하나님의 성전은 세 차례 지어졌습니다. 제일 처음, 솔로몬 왕이 7년간의 공사를 통해 성전을 건립하였습니다. 하지만 BC 586년 바벨론의 느부갓네살 왕에 의해 이 성전이 파괴되었고 유대인들은 바벨론에 포로로 끌려갔습니다.

바벨론 포로 생활에서 돌아온 유대인들과 총독으로 임명된 스룹바벨이 건립을 하였기에 "스룹바벨 성전"이라고 부르기도 합니다. 그때는 빈약한 재정과 노동력으로 지었기에 규모도 작고 모양도 초라했습니다.

예수님 당시의 헤롯왕은 이방인인 이두매 출신이었습니다. 그는 유대인들의 환심을 사기위해 스룹바벨 성전 터에 거대하고 웅장한 성전을 재건축하기로 하였습니다. 옛 성전 터 위에 BC 20년에 착공하여 외형은 9년 만에 완성되었으나 세부 공사는 AD 63년경에야 비로소 완성되었습니다. 그 크기가 축구장의 25배 정도였고 한꺼번에 수만 명을 수용할 수 있는 넓이였습니다. 사람들은 성전 건물의 규모와 화려한 장식에 마음을 뺏긴 채 탄복했다고 합니다. "예루살렘을 보지 않고서는 결코 아름답고 멋지고 훌륭한 도시를 보았노라고 말할 자격이 없다. 제2성전[52]의 웅장한 모습을 보기 전에는 절대 멋진 건물에 대하여 논하지 말라." 이 이야기는 예수님 당시의 어느 유대인 랍비가 남긴 자신에 찬 증언입니다.[53]

예수님의 공적 사역이 마쳐질 즈음에, 예수님과 제자들은 감람산에서

---

52) 제2성전 시대는 유대 포로들이 귀환하여 BC 516년 건축한 스룹바벨 성전 완공 때부터 헤롯 왕이 증축한 헤롯 성전이 보존된 AD 70년까지의 시기를 말한다. 제2성전 시대는 AD 70년 제1차 유대-로마 전쟁과 로마의 예루살렘과 성전 파괴로 끝난다.
53) 베르너 켈러. 역사로 읽는 성서. 출판사 중앙북스. 2009. p622.

헤롯대왕이 유대인들의 환심을 사기위해 증축한 헤롯 성전의 모형

기드론 골짜기 건너편에 서 있는 성전 건물을 내려다보고 있었습니다. 성전의 전면의 높이만으로도 45m에 달했고 전체가 밝은 대리석으로 이루어져 있었습니다. 이곳에 입혀진 장식은 모두 순금으로 아주 아름답게 빛났습니다. 예수님은 이 웅장한 성전 건물이 "돌 하나도 돌 위에 남지 않고 다 무너뜨려질" 것이라는 충격적인 예언을 하셨습니다. 어떻게 이 웅장한 성전 건물이 돌 하나도 남지 않을 수 있단 말인가? 이 말씀은 제자들에게는 도저히 이해되지 않았을 것입니다.

⁴¹ 가까이 오사 성을 보시고 우시며 ⁴² 이르시되 너도 오늘 평화에 관한 일을 알았더라면 좋을 뻔하였거니와 지금 네 눈에 숨겨졌도다 ⁴³ 날이 이를지라 네 원수들이 토둔을 쌓고 너를 둘러 사면으로 가두고 ⁴⁴ 또 너와 및 그 가운데 있는 네 자식들을 땅에 메어치며 돌 하나도 돌 위에 남기지 아니하리니 이는 네가 보살핌 받는 날을 알지 못함을 인함이니라 하시니라
(누가복음 19장)

예수님께서 감람산에서 예루살렘 성과 성전을 바라보시며 우셨습니다.

눈물기념교회 내부에서 바라본 성전산

7장. 예수님이 하신 예언 195

이때에 "우셨다"는 단어에 헬라어 "클라이오"가 사용되었습니다. 이것은 "큰 소리로 울부짖으며 흐느껴 우는 것"을 의미합니다. 예수님이 평화의 왕으로, 참 메시야로 오셨지만, 이스라엘은 예수님을 알지 못했고 영접하지 않았습니다. 예수님은 예루살렘 성과 성전이 파괴되고 수많은 유대 백성들이 죽을 것을 내다보시고 큰 소리로 울부짖으며 이렇게 예언하셨던 것입니다.

AD 33년에 예수님께서는 예루살렘에 관하여 세 가지를 예언하셨습니다. 첫째, 이스라엘의 원수들이 토둔을 쌓고 예루살렘을 둘러 사면으로 포위할 것을 예언하셨습니다. 둘째, 원수들이 "너 및 그 가운데 있는 네 자식들을 땅에 메어칠" 것을 예언하셨습니다. 이는 예루살렘 성에 포위된 유대 백성들이 당할 학살과 환란을 말씀하신 것입니다. 셋째, 예루살렘 성 안에 있는 성전 건물이 돌 하나도 돌 위에 남기지 아니할 정도로 완전히 파괴되어 황폐하게 될 것을 예언하셨습니다.

1 예수께서 성전에서 나와서 가실 때에 제자들이 성전 건물들을 가리켜 보이려고 나아오니 2 대답하여 이르시되 너희가 이 모든 것을 보지 못하느냐 내가 진실로 너희에게 이르노니 돌 하나도 돌 위에 남지 않고 다 무

너 뜨려지리라 (마태복음 24장)

　첫째로, 이스라엘의 원수들이 토둔을 쌓고 예루살렘을 포위할 것에 대한 예언을 살펴보겠습니다. 예수님 당시의 강대국은 유럽, 아시아, 아프리카 대륙에 걸쳐 대제국을 이루고 있던 로마제국이었습니다. 예수님이 사셨던 나라를 오늘날은 이스라엘이라 부르지만, 당시에는 로마가 이스라엘의 대적인 "블레셋"에서 이름을 따와 "팔레스틴"으로 불렀습니다. 팔레스틴은 로마제국에 의해 침략을 당하였고, BC 63년부터 지배를 받게 되었습니다. 처음에 로마제국은 이두매 사람 헤롯을 유대인의 왕으로 임명하여 통치하게 하였습니다. 헤롯 대왕이 죽자 그의 세 아들 중 헤롯 아켈라오에게는 유대와 사마리아 지역을, 헤롯 안티파스에게는 갈릴리 지역을, 헤롯 빌립에게는 갈릴리 북동부 지역을 다스리게 하였습니다. 그런데 유대와 사마리아 지역을 다스렸던 헤롯 아켈라오는 성전에서 3천 명의 유대인들을 죽이는 등 너무 잔인하게 백성들을 다스렸습니다. 이 잔인한 일로 인해서 헤롯 아켈라오는 로마제국에 의해 제거되었고, 결국 로마는 유대 지역에만 로마에서 직접 "총독"을 파견해서 통치하게 했습니다.

그러나 유대인과 로마 주둔군 사이는 적대적이어서 충돌이 자주 일어났습니다. 로마 총독 게시우스 플로루스(AD 64~66년)는 성전 금고에서 많은 돈을 빼내려고 하다가 발각되어 유대인들의 분노를 사게 되었습니다. 그렇지 않아도 적대감이 고조된 때에 불만이 폭발하여 로마로부터 독립하려는 대규모 항거운동이 일어났는데, 이를 제1차 반란(AD 66~70년)이라고 합니다.

AD 70년에 이 반란을 진압하기 위해 로마의 타이터스(Titus) 장군이 4개의 군단 약 8만 명의 군대를 이끌고 예루살렘을 침공해서 성을 함락시

로마병사들은 토둔을 쌓아 예루살렘을 포위하고 높은 망대를 통해 성내를 감시했다

키고 성전을 불태움으로써 예수님의 예언을 역사적으로 성취하게 됩니다. 이 일에 대해서는 전쟁에 직접 참여한 플라비우스 요세푸스가 기록한 <유대전쟁사>에 자세하게 기록되어 있습니다. 타이터스가 예루살렘을 토성으로 완전히 에워쌈으로써 "네 원수들이 토둔을 쌓고 너를 둘러 사면으로 가둘 것"이라는 예언을 문자적으로 성취하였습니다. 타이터스는 유대인들이 성 밖으로 나오지도 못하게 하고 물자가 성 안으로 들어가는 것도 막아 유대인들을 굶주리게 하여 전쟁 의욕을 말살하려고 한 것입니다.

<유대전쟁사>에 이렇게 기록되어 있습니다.[54]

"타이터스는 매일같이 하루에도 몇 번씩 공사장을 돌면서 진척 과정을 살펴보았다. 타이터스는 자신이 직접 진을 친 앗수르인들의 진영에서 토성을 쌓기 시작하여 케네폴리스의 하부 지역까지 토성을 쌓은 다음 기드론 골짜기를 따라 감람산에 이르는 지경까지 토성을 쌓았다. 그 후 남쪽으로 방향을 돌려 토성을 쌓기 시작하여 감람산을 감싸고돌아 페리스

---

54) 요세푸스(김지찬 역). 유대전쟁사 제3권. 생명의 말씀사, 1987. p532.

테레온 바위가 있는 곳까지 토성을 쌓았다.... 타이터스는 여기서 북쪽으로 방향을 바꾸어 에레빈티의 집이라고 부르는 마을을 지나고 헤롯의 기념비를 거쳐 처음 토성을 쌓기 시작한 자신의 진영에 이르기까지 토성을 쌓았다. ... 타이터스는 이같이 예루살렘을 토성으로 완전히 에워싸고 적절한 장소마다 수비대를 세운 후에 밤 일경이면 친히 순찰을 돌면서 부하들의 경계근무 상황을 살폈다."

필자가 예루살렘을 방문했을 때 나무나 수풀을 발견하기가 너무나도 어려웠습니다. 말 그대로 허허벌판과 같은 황량한 느낌을 받았습니다. 그 이유를 <유대전쟁사>를 읽게 되었을 때에 알게 되었습니다. 로마군이 이전의 쾌적한 정원과 울창한 숲들을 이루고 있던 나무들을 모두 벌채하여 토성을 쌓는 데 사용하였기 때문입니다. 지금도 유대인들의 정착촌 일부에만 나무들이 조금 있을 뿐 예루살렘 시가지 전체는 벌거숭이산과 같습니다.

두 번째로 이스라엘의 원수가 유대인들을 학살할 것에 대한 예언을 살펴보겠습니다. 예수님께서 "날이 이를지라"(누가복음 19장 43절)라고 말씀하셨는데, 그 날은 AD 70년 아브월 9일(태양력 AD 70년 8월 28일)이었습니다. 우리가 놀라지 않을 수 없는 한 가지 사실은 이날과 바벨론 제국이 예루살렘을 함락하여 솔로몬 왕이 건축한 성전을 파괴한 날이 아브월 9일로 날짜가 같다는 것입니다.

누가복음 19장 44절에 "너와 및 그 가운데 있는 네 자식들을 땅에 메어칠 것"이라고 예언하셨습니다. 이 유대전쟁 동안 111만 명의 유대인들이 굶주림으로 떼죽음을 당했고, 로마병사들에 의해 무차별적으로 죽임을 당함으로써 예수님의 예언이 성취되었습니다. 성전을 파괴할 때에 유대인들은 남녀노소 구별 없이 모두 로마 병사의 손에 붙잡히면 죽음을 면치 못했습니다. 어린이건 노인이건 제사장이건 간에 모두가 똑같이 학살을 당했습니다. 로마 병사들은 살려달라고 애원을 하든지 덤벼들든지 간에 차별을 두지 않고 닥치는 대로 유대인을 학살하였습니다.

<유대전쟁사>에서는 이렇게 기록하고 있습니다.[55]

"예루살렘이 포위된 기간 동안 포로로 잡힌 자의 수는 97,000명에 달

---

55) 요세푸스(김지찬 역). 유대전쟁사 제3권. 생명의 말씀사, 1987. p602.

하였으며 사망자의 수는 1,110,000명에 달했다. 이 사망자의 수의 대부분은 예루살렘 시민이 아닌 유대인이었다. 이들은 유대국 각지의 주민들로서 무교절을 지키기 위해 예루살렘을 방문했다가 갑자기 로마군에 의해 포위당한 유대인들이었다."

이때에 9만 7천 명이 포로나 노예로 팔려감으로써 전 세계로 유대인들이 흩어지게 됩니다. 이것을 "디아스포라"라고 합니다.

예수님이 예루살렘에 대해 예언하신 세 번째 예언인 성전 건물의 완전한 파괴에 관한 예언을 살펴보겠습니다. 아브월 9일에 로마 병사들이 성전으로 진입하기 위해 성전 문에 불을 붙였습니다. 성전 안쪽에서 격렬하게 방어하던 유대인들이 불 때문에 물러나자 로마 병사들은 성전 구내로 밀어닥쳤습니다. 타이터스는 성전에 불이 붙었다는 보고를 듣고 불을 끄기 위해서 성전으로 달려갔습니다. 로마 병사와 유대인 사이의 격렬한 전투로 인해 타이터스가 성전에 붙은 불을 끄라는 고함조차도 이미 들을 수 없을 정도였습니다. 그는 성소에 들어가 보고는 이방 신전과는 비교도 안 될 정도로 뛰어나고 웅장한 모습에 감탄하여 성전 본당만큼은 불길에서 구하려고 병사들을 설득하고 제지하였습니다. 그러나 성전이 파괴되

성전에서 격렬하게 싸우는 로마병사들과 유대인들
(Francesco Hayez가 그린 'Destruction of the Temple of Jerusalem)

기 37년 전에 예수님께서 예언하신 이 끔찍스러운 운명을 늦출 수 없었습니다. 한 병사가 승리감에 들떠 성전 본당으로 던진 횃불에 의해 불길이 치솟아 올랐습니다. 성전이 불타면서 성전 건물 내벽에 입혀졌던 금들이 녹아내렸습니다. 성전 벽이 무너지면서 녹아내리던 금이 벽돌 사이로 흘러들어 갔습니다. 불이 꺼지자, 로마 병사들은 금을 찾으려고 쇠지레와 쐐기로 돌들을 일일이 뒤집었는데, 이로 인해 돌 위에 돌 하나도 남김없이 완전히 해체됨으로써 예수님이 하신 예언이 정확히 성취되었습니다.[56]

---

56) 그랜트 제프리. 성경의 27가지 미스테리. 생명의 말씀사, 1987. p142.

<유대전쟁사>에서는 이렇게 기록하고 있습니다.[57]

"로마 병사들은 성전 내부가 온통 금으로 된 것을 보고는 내부에 돈이 가득 있을 것으로 기대한 것이었다. 그리하여 결국 성전에 들어온 병사중의 하나가 병사들을 제지하기 위해 급하게 달려온 타이터스를 앞질러 성전 문의 돌쩌귀가 있는 컴컴한 곳을 향해 불을 던졌다. 이에 성전 내부에서 즉시로 불길이 치솟기 시작하였다. 이에 타이터스와 지휘관들은 뒤로 물러났다.... 이렇게 해서 타이터스의 승인도 없이 성전은 완전히 불에 타고 말았다."

열방에 흩어짐

예수님께서는 예루살렘과 성전 멸망에 이어 예루살렘에 사는 유대인들이 세계로 흩어질 것을 예언하셨습니다.

---

57) 요세푸스(김지찬 역). 유대전쟁사 제3권. 생명의 말씀사, 1987. p580.

20 너희가 예루살렘이 군대들에게 에워싸이는 것을 보거든 그 멸망이 가까운 줄을 알라 21 그 때에 유대에 있는 자들은 산으로 도망갈 것이며 성내에 있는 자들은 나갈 것이며 촌에 있는 자들은 그리로 들어가지 말지어다 22 이 날들은 기록된 모든 것을 이루는 징벌의 날이니라 23 그 날에는 아이 밴 자들과 젖먹이는 자들에게 화가 있으리니 이는 땅에 큰 환난과 이 백성에게 진노가 있겠음이로다 24 그들이 칼날에 죽임을 당하며 모든 이방에 사로잡혀 가겠고 예루살렘은 이방인의 때가 차기까지 이방인들에게 밟히리라 (누가복음 21장)

이 예언의 말씀처럼 AD 70년에 예루살렘 성과 성전이 파괴됨으로써 세계지도에서 이스라엘이라는 나라가 완전히 없어지게 되었습니다. 이 때 수많은 유대인들이 포로가 되어 노예로 끌려가 전 세계로 뿔뿔이 흩어지게 되었습니다. 그들은 유럽 각지로, 아프리카로, 중국과 인도로 흩어지게 되었습니다. 그들은 나라 잃은 백성으로서 온갖 설움, 핍박, 추방, 멸절을 당하며 고난의 오랜 세월을 이방에서 유리하며 보내야 했습니다.

로마제국, 이슬람, 십자군, 이집트 등이 이스라엘 땅을 지배하면서 예루살렘에 남아있는 유대인들의 씨를 말렸습니다. 그 후 이집트 맘루크 왕

제2차 세계대전동안에 600만 명의 유대인들이 학살당했다

조의 지배를 받게 되는데 이 시기에 전 세계에 흩어져 있던 유대인들은 여러 나라로부터 추방을 당하게 됩니다. 1290년에는 영국에서, 1306년에는 프랑스에서, 1350년에는 독일에서, 1497년에는 포르투칼에서, 1515년에는 튀르키예 제국에서 유대인을 추방했으며 이후 1881년에는 독일에서 학살이 시작되어 제2차 세계대전 중에 600만 명의 유대인들이 무참히 죽임을 당했습니다.[58]

그러나 유대인들이 흩어지는 것이 영원한 것이 아니라 "예루살렘은 이방인의 때가 차기까지 이방인들에게 밟히"게 됩니다(누가복음 21:24). 이방인의 때가 차면 이방인들에게 밟히던 유대인들이 예루살렘으로 돌아오

---

58) 오화평. 이스라엘 고난과 회복. 베드로서원, 2009. p97.

는 날이 올 것입니다. 이방인의 때는 "이방인의 충만한 수가 예수 그리스도를 믿고 구원을 받는 기간"을 의미합니다. 이 기간 후에 온 이스라엘이 구원을 얻을 것입니다.

25 형제들아 너희가 스스로 지혜 있다 하면서 이 신비를 너희가 모르기를 내가 원하지 아니하노니 이 신비는 이방인의 충만한 수가 들어오기까지 이스라엘의 더러는 우둔하게 된 것이라 26 그리하여 온 이스라엘이 구원을 받으리라 (로마서 11장)

이스라엘의 독립

예수께서 감람 산 위에 앉으셨을 때에 제자들이 조용히 와서 예수님께 질문을 했습니다. "우리에게 이르소서 어느 때에 이런 일이 있겠사오며 또 주의 임하심과 세상 끝에는 무슨 징조가 있사오리이까?"(마태복음 24:3) 예수님께서는 주님의 재림의 징조로 무화과나무의 비유를 말씀하셨습니다.

32 무화과나무의 비유를 배우라 그 가지가 연하여지고 잎사귀를 내면 여름이 가까운 줄을 아나니 33 이와 같이 너희도 이 모든 일을 보거든 인자가 가까이 곧 문 앞에 이른 줄 알라 (마태복음 24장)

"무화과나무"는 이스라엘 국가를 상징하며, "무화과나무가 잎사귀를 낸다"라는 말은 이스라엘이 국가로서 회복된다는 뜻입니다. 이스라엘의 독립은 무화과나무의 징조가 성취되는 것을 말합니다. 예수님께서 예루살렘은 이방인의 때가 차기까지 이방인들에게 밟힐 것을 말씀하셨는데 현재, 이스라엘의 회복은 "이방인의 때"가 끝나가고 있음을 나타내는 것입니다.

AD 70년 이후 세계 각지로 흩어져 세계 역사에서 사라진 이스라엘을 1800년이 지난 다음에 하나님께서 그들을 다시 모으기 시작하셨습니다. 1860년에 예루살렘에 "예멘 모쉐"라는 유대인의 마을이 생긴 이래로 이스라엘 동쪽에 있는 이라크, 시리아, 이란, 인도, 중국 등으로부터 이민자가 돌아왔고, 이스라엘 서쪽에 있는 유럽으로부터, 남쪽에 있는 예멘과 아프리카로부터, 북쪽에 있는 러시아로부터 사방에서 유대인들이 이스라엘로 돌아오게 되었습니다. 하나님께서는 이사야서 말씀 그대로 역사적으로 성취하셨습니다.

5 두려워하지 말라 내가 너와 함께 하여 네 자손을 동쪽에서부터 오게 하며 서쪽에서부터 너를 모을 것이며 6 내가 북쪽에게 이르기를 내놓으라 남쪽에게 이르기를 가두어 두지 말라 내 아들들을 먼 곳에서 이끌며 내 딸들을 땅 끝에서 오게 하며 7 내 이름으로 불려지는 모든 자 곧 내가 내 영광을 위하여 창조한 자를 오게 하라 그를 내가 지었고 그를 내가 만들었느니라 (이사야 43장)

1947년에 UN의 결정으로 이스라엘 국가 건설이 승인되었고, 1948년 5월 14일에 텔아비브 박물관에서 이스라엘의 독립을 선포하였습니다. 초대 수상 벤구리온은 독립선언문을 읽으면서 성경의 아모스서 말씀으로 끝을 맺었습니다.

14 내가 내 백성 이스라엘이 사로잡힌 것을 돌이키니 그들이 황폐한 성읍을 건축하여 거주하며 포도원들을 가꾸고 그 포도주를 마시며 과원들을 만들고 그 열매를 먹으리라 15 내가 그들을 그들의 땅에 심으리니 그들이 내가 준 땅에서 다시 뽑히지 아니하리라 네 하나님 여호와의 말씀이니

라 (아모스서 9장)

또한, 1967년에 제3차 중동전쟁이 일어났습니다. 병력은 아랍연맹이 30배나 우세했지만 이스라엘은 국방장관 모세 다얀(Mose Dayan) 장군의 지휘 아래 단 6일 만에 전쟁에서 승리하게 됩니다. 그래서 이 전쟁을 "6일 전쟁"이라고 부르기도 하는데, 세계전쟁사에 유례없는 놀랄만한 전투였습니다. 이스라엘은 이 전쟁을 통해서 예루살렘을 되찾고 유대인의 통치권을 회복하였습니다. 이것은 기적이었습니다. 마치 2천 년 전 고구려

이스라엘의 독립은 1948년 5월 14일, 하루 만에 기적같이 이루어졌다

이스라엘 독립선언문

가 중국의 만주 일대를 역사적으로 통치했다고 해서 오늘날 우리나라가 중국에게 만주는 대한민국 땅이라고 선언하고 실질적으로 그곳에서 통치권을 회복하는 것과 같습니다. 이런 일이 가능할 수 있을까요?

예수님은 "그들이 칼날에 죽임을 당하며 모든 이방에 사로잡혀 가겠고 예루살렘은 이방인의 때가 차기까지 이방인들에게 밟히리라"(누가복음

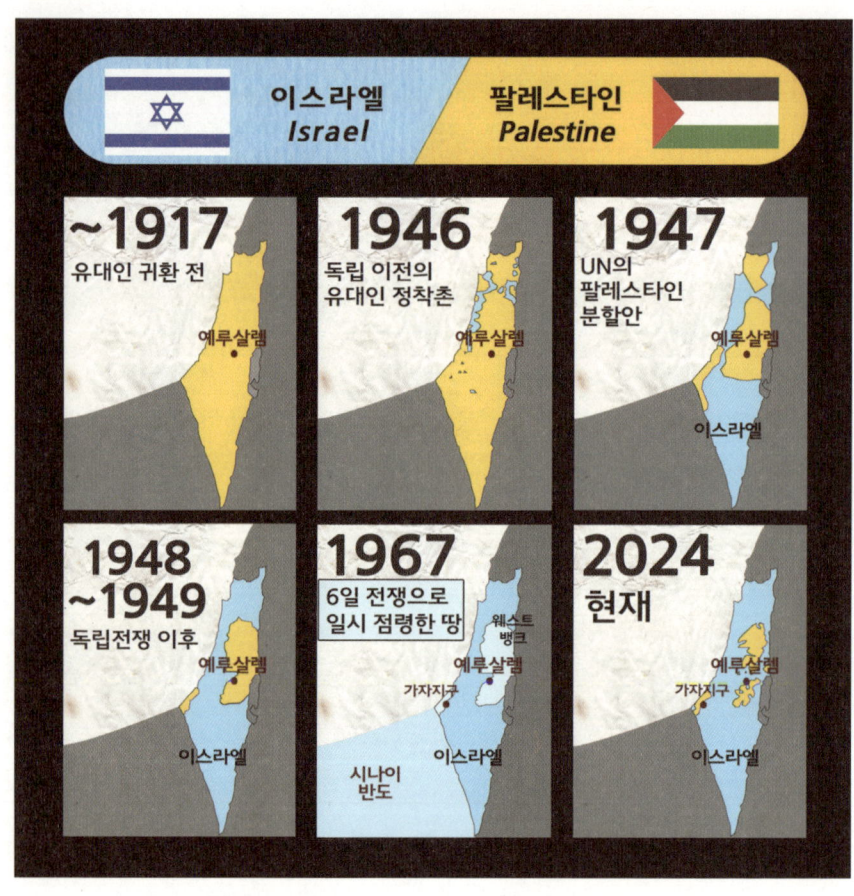

팔레스타인 땅에 유대인이 정착하기까지의 영토 변화 과정

21:24)라고 예언하셨습니다. 예루살렘이 회복되는 날은 이방인의 때가 차는 순간입니다. 예루살렘이 이방인에 의해 짓밟힌 2000여년 이래로 한 번도 유대인들에게 되돌아간 적이 없습니다. 그들의 땅이 실효적으로 이

스라엘 영토가 된 1967년 6일 전쟁으로 이 예언은 거의 이루어진 것처럼 보입니다.

이스라엘이 예루살렘과 성전 터를 정복한 것은 너무나도 흥미진진한 뉴스였기에, 1967년 6월 20일자 <타임지(Time)>는 성전 터 쟁탈 이후의 쟁점을 헤드라인 기사로 다음과 같이 다루었습니다. "이스라엘이 유대교 두 번째 성전의 잔해가 극소수 남아있는 그 (서쪽) 벽을 (정말) 방어한다면, 제3성전을 일으킬 때가 온 것인가?" 기사에서는 성전산 탈환으로 이스라엘이 큰 기쁨에 도취되어 있으며, 많은 사람들이 성전 재건이 이루어질 것으로 믿었다고 기록하고 있습니다. 그러나 예루살렘은 아직 온전히 회복되지 않았습니다. 바로 예루살렘의 중심인 성전 터가 남아 있기 때문입니다. 전쟁에 이겨 이스라엘이 예루살렘 전체를 점령했음에도 불구하고 이슬람 세력들과 대대적인 충돌을 피하기 위해 성전 터만큼은 다시 돌려줄 수밖에 없었습니다. 그래서 이곳에 하나님의 성전이 세워지면 그제야 이방인의 때가 끝나고 7년 환난기로 들어갈 것입니다.

그리스도인들은 자주 하나님을 믿지 않는 사람들로부터 이런 질문을 받을 때가 있습니다. "하나님이 살아계시다는 증거를 보여주시오." 당신도 이런 질문을 한 적이 있습니까? 옛날 유럽의 한 왕이 그와 동일한 질문을 했습니다. "대체 하나님이 살아계시다는 증거가 어디 있는가? 나에게 그 증거를 달라." 그러자 한 신하가 나서서 말했습니다. "폐하, 유대인입니다. 그 증거는 유대인들입니다." 그렇습니다. 유대인과 이스라엘의 역사는 하나님의 살아계심과 역사하심을 생생하게 보여주는 증거입니다. 또한 예수님의 재림(다시 오심)이 매우 가까워졌다는 사실을 알리는 명백한 징조입니다.

예수님은 "너희도 이 모든 일을 보거든 인자가 가까이 곧 문 앞에 이른 줄 알라"고 말씀하셨습니다(마태복음 24:33). 예수님의 재림이 가까웠으며 심판주이신 예수님이 문 밖에 서 있다고 경고하십니다. 세계 역사는 하나님께서 정하신 이정표를 따라 가고 있습니다. 우리가 기억해야 하는 것은 역사는 우리가 성경의 마지막 예언이 이루어질 그 시간을 향해 가고 있음을 증명하고 있다는 것입니다. 주님께서는 곧 다시 오실 것입니다.

주의 약속은 어떤 이들이 더디다고 생각하는 것 같이 더딘 것이 아니라 오직 주께서는 너희를 대하여 오래 참으사 아무도 멸망하지 아니하고 다 회개하기에 이르기를 원하시느니라 (베드로후서 3:8)

하나님께서 이 예언의 약속을 이루실 능력이 없거나 무심하시기 때문에 그 날이 늦추어지는 것이 아닙니다. 사랑이 많으신 하나님이 즉각적으로 심판하지 아니하시고 오랫동안 참으시는 이유가 있습니다. 여러분 중에 아무도 멸망하는 지옥에 가지 않고 자기의 죄를 깨달아 회개하고 구원받기를 원하시기 때문입니다. 이제 곧 주님께서 재림하시고 하나님의 진노가 이 땅에 부어질 것입니다. 회개하고 예수 그리스도를 믿으십시오. 그리고 임박한 진노를 피하고 주님의 재림을 소망하는 사람이 되길 간절히 권합니다.

예수 그리스도에 대한 예언

8장

예수 그리스도에 대한 예언

예수님은 자신이 하나님의 아들이시며 그리스도(메시아)라고 주장하였습니다. 사람들의 아들 중에서 어느 누가 그 같은 주장을 할 수 있을까요? 석가모니나 마호메트도 자신이 신의 아들이라고 주장한 적은 없습니다. 대제사장이 예수님을 심문할 때, 예수님께 물었습니다. "네가 찬송 받을 이(하나님)의 아들 그리스도냐?" 그때 예수님께서는 "내가 그다"라고 답하셨습니다. 예수님은 무엇을 근거로 자신이 하나님의 아들, 그리스도라고 주장하고 있을까요?

61 침묵하고 아무 대답도 아니하시거늘 대제사장이 다시 물어 이르되 네가 찬송 받을 이의 아들 그리스도냐 62 예수께서 이르시되 내가 그니라 인

자가 권능자의 우편에 앉은 것과 하늘 구름을 타고 오는 것을 너희가 보리라 하시니 (마가복음 14장)

44 또 이르시되 내가 너희와 함께 있을 때에 너희에게 말한바 곧 모세의 율법과 선지자의 글과 시편에 나를 가리켜 기록된 모든 것이 이루어져야 하리라 한 말이 이것이라 하시고 45 이에 그들의 마음을 열어 성경을 깨닫게 하시고 (누가복음 24장)

모세의 율법과 선지자의 글과 시편은 구약성경을 가리키는 말입니다. 구약성경에는 하나님께서 보내실 그리스도가 누구인지에 대해 분명하게 예언되어 있습니다. 구약성경에는 그리스도의 조상, 출생 시간, 장소와 방법, 그의 사역과 인격, 그의 죽음 등에 대해서 상세하게 예언되어 있습니다. 예수님은 구약성경에 기록된 그리스도에 관한 예언이 자신에게서 성취되었음을 증명하고 있습니다.

사도들과 신약성경의 기자들도 예수님이 하나님의 아들이시며 죄인을 구원하시는 구세주시요 그리스도이심을 전하면서 구약성경에 기록된 그리스도에 관한 예언을 예수님이 역사적으로 성취하셨음을 증명했습니다.

² 바울이 자기의 관례대로 그들에게로 들어가서 세 안식일에 성경을 가지고 강론하며 ³ 뜻을 풀어 그리스도가 해를 받고 죽은 자 가운데서 다시 살아나야 할 것을 증언하고 이르되 내가 너희에게 전하는 이 예수가 곧 그리스도라 하니 (사도행전 17장)

그리스도란 어떤 인물을 말하는 것이며 그를 알고 믿는 것이 왜 중요할까요? 유대인들에게는 BC 67년 로마 제국의 지배를 받기 전까지 왕들이 있었습니다. 그들은 왕좌에 앉기 전에, 그의 머리에 왕관을 쓰기 전에, 반드시 머리에 기름 부음을 받는 의식을 치러야만 했습니다. 왕으로 세움을 받는 사람의 머리에 기름을 붓는 것은 이제 하나님으로부터 왕으로서의 모든 권위를 받았음을 상징적으로 보여주는 것입니다.

유대인들은 적어도 예수님이 탄생하시기 400년 이전에 기록된 구약성경을 통해서 하나님으로부터 하나님의 아들이시며 왕이신 그리스도를 보내주시겠다는 약속을 받았습니다. 이 왕도 다른 왕들과 마찬가지로 기름 부음을 받습니다. 그러나 다른 왕들과 달리 이 왕은 하나님으로부터 친히 기름 부음을 받습니다. 유대인들은 하나님께서 보내실 왕을 히브리어로 메시아(Messiah)라고 불렀고, 그리스어로는 그리스도(Christ)라고 불렸습니다. 그리스도는 "기름 부음을 받은 자"라는 뜻을 가지고 있습니다. 그리스도에 관한 예언이 있은 이후 유대인들은 그리스도의 오심을 기다렸습니다. 로마의 통치 아래 있었던 예수님 당시의 유대인들도 하나님께서 보내실 "그리스도"를 갈망했습니다.

예수님은 정말로 하나님의 아들, 그리스도였을까요? 그분은 자신이 태어나기 수천 년 또는 수백 년 전에 기록된 예언들을 확실하게 성취하였을까요? 다른 사람들은 아니고 오직 그분이라는 것을 어떻게 알 수 있을까요? 우리는 구약성경의 그리스도에 관한 예언을 연구해 본다면 이 구약성경이 가리키고 있는 그리스도가 예수님이 맞는지를 알 수 있을 것입니다.

과연 누가 세종대왕이나 에이브람 링컨(Abraham Lincoln), 그 밖의 어떤 인물의 생애에 대해서 그 인물이 태어나기 수천 년 또는 수백 년 전에 미리 책에 기록할 수 있었을까요? 불가능할 것입니다. 이 불가능한 일이 구약성경에 기록되어 있습니다. 누가 과연 태어나지도 않은 사람에 대해서 생생하게 미리 말할 수 있을까요? 그것은 처음부터 종말을 알고 계시며 자신의 모든 말씀을 정확하게 성취할 수 있는 능력을 갖고 계시는 살아계신 참 하나님만이 가능한 일입니다.

유일하신 그리스도 예수님

　예수님은 갈릴리 지역 나사렛 마을에서 거의 30년 가까이 살았습니다. 그분이 어느 안식일에 나사렛 회당에 들어가셨을 때 구약 이사야서 61장을 읽으시고는 "이 글이 오늘 너희 귀에 응하였느니라"라고 말씀 하셨습니다(누가복음 4:21). 예수님께서 말씀하신 이 글은 "오시는 그리스도"에 관한 위대한 예언 중 하나였습니다. 그분은 '가난한 자에게 복음을 전하게 하시려고' 그리스도를 보내시겠다고 예언된 이 말씀이 자신에게서 성취되었음을 선언하신 것입니다. 그분께서 이 세상에 오신 것은 그리스도에 관한 구약성경의 예언들을 성취하시고 죄인들을 구원하시기 위해서입니다. 자신이 그리스도라고 주장한 사람은 예수님 한 분만이 아니었습니다. 그분 이외에도 많은 사람들이 자신을 그리스도라고 주장했었고, 오늘날도 그렇게 주장하고 있는 사람들이 있습니다. 그렇다면 우리는 다른 사람들은 다 사기꾼이고 오직 예수님만이 참 그리스도이심을 어떻게 알 수 있을까요?

정확한 주소는 단 한 사람을 가리킨다

편지를 전달하는 집배원을 생각해봅시다. 편지봉투에 정확한 주소가 기록되어있다면, 그 편지는 세계 70억 인구 중에서 한 사람의 "받는 사람"을 정확하게 가려내서 전달될 것입니다. 한 사람의 주소를 생각해봅시다.

집배원은 세상 모든 사람으로부터 주소에 쓰인 한 사람을 가려낼 수 있습니다. 세상 모든 나라들 중에서 "받는 사람"이 살고 있는 대한민국을 선택함으로써 다른 모든 나라는 선택의 대상에서 탈락됩니다. 전국에서

"받는 사람"이 살고 있는 전라북도 남원시를 선택함으로써 다른 모든 도시를 선택의 대상에서 탈락시킵니다. 그가 살고 있는 남원시의 한 아파트의 정확한 번지수를 지적함으로써, 집배원은 남원시의 다른 모든 집들을 선택의 대상에서 제외시킵니다. 집배원은 이제 그 집에 살고 있는 "받는 사람"의 정확한 이름으로 그 집에 살고 있을지도 모르는 다른 사람들을 선택의 대상에서 제외시켜서 정확하게 우편물을 배달할 수 있게 됩니다. 이와 같이 그리스도에 대한 예언이 아주 많고 또 상세하기 때문에 한분 예수 그리스도에게서 온전하게 성취되었는지 분명하게 알 수 있습니다.

이제는 성경을 통해, 하나님께서 말씀하신 그리스도에 관한 예언의 주소를 살펴보겠습니다. 하나님께서는 아브라함에게서 시작되는 이스라엘 민족에게서 그리스도가 오셔야 한다는 것을 지적함으로써 세상의 다른 민족들이 선택의 대상에서 제외되었습니다. 하나님께서는 아브라함으로 큰 민족을 이루게 하실 것이며, 그때가 되었을 때에 그리스도가 그들에게 오실 것이며, 아브라함의 씨인 그리스도를 통하여 천한 만민이 복을 얻게 될 것을 예언하셨습니다.

17 내가 네(아브라함)게 큰 복을 주고 네 씨가 크게 번성하여 하늘의 별과 같

고 바닷가의 모래와 같게 하리니 네 씨가 그 대적의 성문을 차지하리라 18 또 네 씨로 말미암아 천하 만민이 복을 받으리니 이는 네가 나의 말을 준행하였음이니라 하셨다 하니라 (창세기 22장)

　예수님은 아브라함의 자손인 유대인으로 출생하심으로 이 예언을 성취하셨습니다.

　이 약속들은 아브라함과 그 자손에게 말씀하신 것인데 여럿을 가리켜 그 자손들이라 하지 아니하시고 오직 한 사람을 가리켜 네 자손이라 하셨으니 곧 그리스도라 (갈라디아 3:16)

　아브라함에게는 첫째인 이스마엘과 둘째인 이삭이 있었습니다. 그러므로 또 하나의 선택이 이루어져야 했습니다. 우리는 이제 그리스도가 아랍 민족의 시조인 이스마엘을 통해서가 아니라, 이삭을 통해서 오시기로 예정된 사실을 알게 됩니다. 그리스도는 아브라함의 아들들 중에서 이삭을 통해서 오실 것을 선택함으로써 다른 아들은 선택의 대상에서 제외되었습니다(창세기 17:19, 로마서 9:7). 예수님은 아브라함의 아들, 이삭의 후손으로 오심으로 이 예언을 성취하셨습니다.

하나님이 이르시되 아니라 네 아내 사라가 네게 아들을 낳으리니 너는 그 이름을 이삭이라 하라 내가 그와 내 언약을 세우리니 그의 후손에게 영원한 언약이 되리라 (창세기 17:19)

또한 아브라함의 씨가 다 그의 자녀가 아니라 오직 이삭으로부터 난 자라야 네 씨라 불리리라 하셨으니 (로마서 9:7)

이삭에게도 두 아들이 있었기 때문에 그리스도의 계보는 더 좁혀져야만 했습니다. 그리스도는 형 에서가 아닌 동생 야곱을 통해서 오실 것임을 분명하게 예언하였습니다(민수기 24:17, 19). 야곱에게는 열두 명의 아들들이 있었습니다. 하나님께서는 12명의 아들들 중에서 유다를 선택하심으로써 나머지 열한 지파는 그리스도가 나실 계보에서 제외되었습니다(창세기 49:8~10, 시편 78:67~68). 유다지파의 수많은 집안 중에서 다윗의 아버지인 이새의 집안에서 그리스도가 오실 것을 예언하심으로 나머지 모든 집안은 선택의 대상에서 제외되었습니다(이사야 11:1~2). 그리고 이새에게는 8명의 아들이 있었는데, 그의 아들들 중에서 막내아들 다윗의 자손으로 그리스도가 오실 것으로 예언되었습니다(사무엘하 7:12~13).

창 22:17~18	아브라함의 자손	갈 3:16
창 17:19	이삭의 자손	롬 9:7
민 24:17~19	야곱의 자손	마 1:2
창 49:8~10	유다의 자손	마 1:2
사 11:1~2	이새의 자손	마 1:5
삼하 7:12~13	다윗의 자손	마 1:1
	예수	마 1:1

역사 속에 살았던 모든 사람들로부터 예수님이 그리스도이심을 알 수 있도록 하나님이 기록하신 주소다.

아브라함과 다윗의 자손 예수 그리스도의 계보라 (마태복음 1:1)

마태복음에는 구약성경에 나오는 그리스도에 관한 예언들 대부분이 인용되었습니다. 세상의 수많은 사람들 중에서 어떻게 예수님을 통해 그리스도에 관한 예언들이 완전하게 성취되었는지를 보여주고 있습니다. 예수님이 아브라함과 다윗의 자손으로 오신 그리스도이심을 밝히 증명해 주고 있습니다.

예언의 성취는 우연인가?

구약성경의 주제는 오실 예수 그리스도이십니다. 구약성경을 찬찬히 읽어보게 되면 죄인들을 죄악과 심판에서 구원하시기 위해 그리스도를 보내시겠다고 약속하시는 하나님을 발견하게 됩니다. 우리는 이러한 구약의 예언들과 약속의 말씀들이 신약에 와서 성취되었는지를 역사적으로 확증할 수 있는 시대에 살고 있습니다. 어떤 이들은 우리 하나님의 놀라운 능력과 예수님이 실제로 구약성경이 예언한 그리스도라는 사실을 인정하지 않으려고 합니다. 하지만 정직한 마음으로 성경의 예언들을 살펴본다면 이러한 예언들이 예수 그리스도를 통해서 완전히 성취된 일에 대해서 반대하는 것은 불가능합니다.

예를 들어, 기독교 변증가인 조쉬 맥도웰(Josh McDowell)은 그의 저서 <판결을 요구하는 증거>(Evidence that Demands a Verdict)에서 피터 스토너(Peter Stoner) 교수의 <과학은 말한다>(Science Speaks)에 나오는 설득력 있는 인용을 사용했습니다.[59] 수학과 교수인 스토너는 학생들과 함께 구약

---

59) Peter Stoner. Science Speaks. Moody Press. 1969.

성경에 기록된 그리스도에 대한 예언 중에서 8개만 선정했습니다. 그리고 이 8개 예언 모두가 한 사람에게 성취될 확률을 계산하였습니다. 스토너가 선정한 예언은 다음과 같습니다.

1. 그리스도는 유대 베들레헴에 태어날 것이다(미가 5:2).
2. 그리스도의 오심을 알리는 사자가 그리스도보다 먼저 나타날 것이다 (말라기 3:1).
3. 그리스도는 나귀 새끼를 타고 예루살렘에 입성할 것이다(스가랴 9:9).
4. 그리스도는 친구에게 배신을 당할 것이다(스가랴 13:6).
5. 그리스도는 은 30개 때문에 배신을 당할 것이다(스가랴 11:12).
6. 그리스도를 배신한 사람은 은 30개를 다시 돌려주려고 하다가 거절당할 것이다. 그는 그 은 30개를 성전 바닥에 던져 버릴 것이다(스가랴 11:13).
7. 그리스도는 자기를 변호하지 않을 것이다(이사야 53:7).
8. 그리스도는 손과 발이 찔리는 십자가형을 당할 것이다(시편 22:16).

스토너는 8개의 예언들에 대한 개연성들에 대해 현대 과학의 접근법을 사용하여 말하고 있습니다. 그는 8개의 예언 모두가 한 사람에게 성취될 확률이 10^{17}분의 1이라고 계산하였습니다. 그것은

100,000,000,000,000,000 분의 1인 셈입니다. 피터 스토너는 10의 17 승이 얼마나 어마어마한 숫자인지를 보여주기 위해 다음과 같은 예를 들었습니다.

10센트 동전 10^{17}개를 광활한 텍사스 주 면적 전체에 골고루 쌓아 놓는다고 가정해 봅시다. 그러면 텍사스 주 전체에 동전이 60cm 높이로 쌓일 것입니다. (우리나라로 계산한다면, 우리나라 전체 면적에 420cm 높이로 동전을 쌓게 될 것입니다.) 이제 이 동전 중에 하나에 빨간 표시를 해 놓고 텍사스 주 전체에 깔려 있는 동전들을 전부 뒤섞어 놓습니다. 그리고 한 사람에게 눈가리개를 씌운 다음 어디든 가고 싶은 곳으로 가도 좋다고 말해줍니다. 그 사람이 다 다닌 후에 동전 하나를 잡았을 때에 빨간 표시가 된 동전을 잡을 확률이 10^{17}분의 1입니다.

이와 같은 일이 우연히 발생할 가능성이 있을까요? 이제 이러한 예언들은 하나님의 예언으로 주어졌거나 아니면 그 선지자들이 자기 생각대로 지어냈거나 둘 중에 하나입니다. 그런 경우에 어떤 한 사람에게서 선지자들의 그 모든 예언이 이루어지게 될 확률은 10^{17}분의 1입니다. 그런데 그 모든 것이 예수 그리스도에게서 다 이루어진 것입니다. 우리가 내릴 수 있는 합리적인 결론은 하나밖에 없습니다. 하나님께서 예언하신 분이 바로 예수 그리스도이시라는 것입니다.

피터 스토너는 다시금 구약성경에 기록된 그리스도에 관한 예언 중 48개가 한 사람에게 완전하게 성취될 확률을 계산하였습니다. 48개의 예언들이 한 사람에게 성취될 가능성을 계산해보니 그 확률은 10^{157}분의 1입니다. 스토너는 10^{157}개(1 다음에 0이 157개가 오는 것을 의미합니다)라는 이 어마어마한 숫자의 의미를 이렇게 설명합니다. 원자는 대단히 작습니다. 메모지를 고정시키는 핀의 머리 부분에만도 100,000,000,000,000,000,000개 상당의 원자로 이루어져 있습니다. 그런데 우주를 원자로만 빽빽이 채운 고체 공을 만든다고 가정해 봅시다. 그 중 하나의 원자에 빨간 표시를 해 놓고 우주에 있는 모든 원자를 섞은 다음 하나를 집었을 때에 표시된 원자를 잡을 확률이 10^{157}분의 1입니다. 이것은 우연히 일어나는 것이 불가능하다는 것을 설명하는 것입니다.

과학자들은 어떤 일이 일어날 확률이 10^{50}(1 다음에 0이 50개가 오는 것을 의미합니다) 분의 1보다 작을 때 그것은 터무니없는 것이며 일어날 수가 없다는 것을 기준으로 삼습니다. 여기서 한 걸음 더 나가보면, 어떤 일이

10^{50}분의 1보다 작은 통계적 확률로 어떻게든 일어났을 때, 그것은 초자연적인 근원에 의한 것이라고 결론을 내릴 수밖에 없습니다.

이 정도 숫자만 해도 현기증이 날 지경인데, 기독교 변증가인 조쉬 맥도웰(Josh McDowell)은 그리스도의 생애에서 완벽하게 성취된 구약성경의 예언이 332개나 뚜렷하게 있다고 말했습니다.[60]

이러한 예언들이 성취되었다는 것은 예수님이 우연히 예언에 들어맞게 되었다거나 사람들이 억지로 짜 맞춘 것이 아니라, 예수님이 약속된 그리스도이심을 분명하게 증거해 주고 있는 것입니다.

구약성경의 예언과 약속하신 말씀의 성취는 하나님이 살아계셔서 역사를 주관하시며, 참으로 존재하시는 분이라는 사실을 확신할 수 있게 해 줍니다. 수백 년 또는 수천 년 전에 예언한 말씀이 후대 역사에 이루어진다는 것은 역사를 주관하시는 하나님이 살아 역사하지 않고는 결코 일어날 수 없는 일일 것입니다. 우리는 약속하시면 반드시 성취하시는 하나님

---

60) Josh McDowell. Evidence That Demands a Verdict. Here's Life Publishers. 1979. p175.

을 보면서 하나님은 참으로 신뢰할만한 분이심을 확신하게 됩니다.

세계적인 과학자인 한동대학교 김영길 총장은 성경을 믿을 수 없는 신화라고 여겼던 사람이었습니다. 그는 예수 그리스도의 탄생과 삶, 죽음과 부활에 대한 구약성경의 예언들을 찾아본 후 다음과 같은 확신을 갖게 되었습니다.[61]

"나는 성경에서 예수 그리스도에 대한 수백 가지 예언을 확인하게 되었다. 이 예언들이 우연히 성취될 확률은 수학적으로 불가능했다. 과학은 항상 인간의 지식과 이성을 토대로 세워지며, 단 1초 후에 어떤 일이 일어날지 확신하거나 예언할 수 없다. 그러나 성경은 구약시대 약 1,100년에 걸쳐 기록된 예언들이 신약시대에 성취됨을 보여줌으로써 성경 말씀이 인간의 지식과 지혜가 아닌, 하나님의 계시로 기록되었음을 증명하고 있었다. 드디어 나는 성경이 역사적으로 절대적인 신뢰성을 가지고 있음을 확신하게 되었다."

---

61) 김영길. 신트로피 드라마. 출판사 두란노. 2013. p38-39.

결국 그는 전능하신 창조주 하나님과 자신의 죄를 담당하신 예수 그리스도를 믿게 되었습니다.

우리는 구약성경의 예언과 예수님의 생애를 살펴보게 되면 예수님만이 구약성경에서 예언한 그리스도이심을 분명하게 알 수 있습니다. 그리스도에 대한 예언은 과학적인 잣대인 확률로 살펴볼지라도 예수님이 그리스도라는 사실을 확고부동하게 증명합니다. 어떤 비평가들은 예수님이 그리스도이심을 증명하기 위해 예루살렘 입성을 할 때 구약성경의 예언을 기억하고 인위적으로 나귀새끼를 탔다고 말합니다. 그러나 그리스도에 대한 대부분의 예언들은 그렇게 인위적으로 맞추는 것 자체가 불가능합니다.

그리스도의 출생 장소, 출생 시간, 혈통, 죽는 방법까지 인위적으로 조작할 수는 없는 것입니다. 예를 들어 예수님의 법적인 아버지인 요셉과 마리아는 나사렛에서 살았습니다. 그런데 적어도 그리스도가 태어나시기 700년 전에 이미 선지자 미가는 그리스도가 베들레헴에 태어날 것이라고 예언하였습니다.

베들레헴 에브라다야 너는 유다 족속 중에 작을지라도 이스라엘을 다스릴 자가 네게서 내게로 나올 것이라 그의 근본은 상고에, 영원에 있느니라 (미가 5:2)

태중에 있는 아이가 자기가 태어날 장소를 정하여 태어날 수 있을까요?

¹ 그 때에 가이사 아구스도가 영을 내려 천하로 다 호적하라 하였으니 ² 이 호적은 구레뇨가 수리아 총독이 되었을 때에 처음 한 것이라 ³ 모든 사람이 호적하러 각각 고향으로 돌아가매 ⁴ 요셉도 다윗의 집 족속이므로 갈릴리 나사렛 동네에서 유대를 향하여 베들레헴이라 하는 다윗의 동네로 ⁵ 그 약혼한 마리아와 함께 호적하러 올라가니 마리아가 이미 잉태하였더라 ⁶ 거기 있을 그 때에 해산할 날이 차서 ⁷ 첫아들을 낳아 강보로 싸서 구유에 뉘었으니 이는 여관에 있을 곳이 없음이러라 (누가복음 2장)

나사렛에서 베들레헴까지의 거리를 지도로 살펴보면 직선거리로 약 170km에 달합니다. 당시의 유대 관습을 따라 사마리아를 거치지 않고 둘러가 예루살렘을 거쳐 베들레헴으로 갔다면 최소 10일 이상이 걸리는 먼 길입니다. 그런데 어떻게 만삭이 된 마리아를 데리고 요셉이 베들레헴까지 가야만 했을까요? 하나님은 당시의 강대국인 로마제국의 가이사 아구스도(아우구스투스 황제)를 사용하셔서 유대 지역에 호적령을 내렸습니다. 호적을 하려면 조상의 고향으로 가야 했는데, 양부인 요셉은 다윗의 자손이었기 때문에 다윗의 고향인 베들레헴에 가야만 했습니다. 하나님은 그리스도가 베들레헴에 태어날 것이라는 예언을 이루시기위해 로마 황제를 사용하신 것입니다. 이렇듯 그리스도에 대한 예언들의 대부분은 그 성취여부가 예수님 자신의 통제 밖에 있었던 것입니다.

성경은 수백 년 전에 미리 제시된 구체적이고 정확한 예언이 문자 그대로 성취된 유일한 책입니다. 예언의 완전한 성취는 성경이 하나님께로부터 온 하나님의 영감된 말씀인 것을 확실히 증명합니다. 이로써 우리는 하나님이 보내신 그리스도는 바로 예수님이라는 것을 믿을 수밖에 없습니다.

예수 그리스도 안에서 성취된 대표적인 구약의 예언들

예 언	예언의 내용	성 취
창 3:15	여자의 후손으로 태어남	갈4:4
사 7:14	처녀로부터 태어남	마 1:18, 24, 25

시 2:7	하나님의 아들	마 3:17
창 22:18	아브라함의 후손으로 태어남	마 1:1
창 21:12	이삭의 후손으로 태어남	눅 3:23, 34
민 24:17	야곱의 후손으로 태어남	눅 3:23, 34
창 49:10	유다의 후손으로 태어남	눅 3:23, 33
사 11:1	이새의 가계에서 태어남	눅 3:23, 32
렘 23:5	다윗의 집에서 태어남	눅 3:23, 31
미 5:2	베들레헴에서 태어남	마 2:1
렘 31:15	헤롯이 어린 아이들을 죽이다	마 2:16
미 5:2	태초부터 계셨던 분	골 1:17
시 110:1	그는 주라 불릴 것이다	눅 2:11, 마 22:43~45
사 7:14	하나님이 우리와 함께 계심	마 1:23
신 18:18	한 선지자가 될 것이라	마 21:11
시 110:4	영원한 제사장이 되리라	히 3:1, 5:5, 6
시 2:6	왕으로 오심	마 27:37
사 11:2	성령의 특별한 기름 부으심	마 3:16, 17
사 40:3	주의 길을 예비하는 자가 앞서 오다	마 3:1, 2
사 9:1	그리스도의 갈릴리에서의 사역	마 4:12, 13, 17
사 35:5, 6	기적을 행하시다	마 9:35
시 118:22	유대인에게 거치는 돌	벧전 2:7

시 16:10	그리스도의 부활	행 2:31
시 68:18	그리스도의 승천	행 1:9
시 41:9	한 친구에게 배반을 당하다	마 10:4
슥 11:12	은 30세겔에 팔리다	마 26:15
시 35:11	거짓 증인들에 의해 고소되다	마 26:59, 60
사 53:5	그리스도의 상함과 찔림	마 27:26
사 53:12	강도와 함께 십자가에 못 박히다	마 27:38

9장

예수 그리스도, 위대한 사랑

9장

예수 그리스도, 위대한 사랑

　우리는 이제까지 성경에 기록된 예언을 다양한 각도에서 살펴보았습니다. 성경의 수많은 예언이 아주 세세한 부분까지 쓰여진 그대로 구체적으로 성취되어 온 사실은 성경이 하나님께로부터 왔음을 확실히 입증합니다. 성경의 예언들이 성취되었다는 것 자체가 성경이 진리임을 확실히 증명해 주는 것입니다. 만약 성경이 하나님께서 쓰신 것이 아니라 단순히 사람들의 생각을 적어 놓은 책에 불과하다면 그 내용은 결코 신뢰할 수 없는 것들일 것입니다. 그러나 하나님께서 성경을 쓰셨다면 성경은 분명히 진리입니다. 진리의 말씀인 성경에 당신의 모든 이성과 믿음의 기초를 두는 것은 진리를 깨닫고 영원한 생명의 약속을 받게되는 첫걸음이 될 것입니다.

성경은 어떻게 기록되었을까요? 성경은 이렇게 말합니다.

15 또 어려서부터 성경을 알았나니 성경은 능히 너로 하여금 그리스도 예수 안에 있는 믿음으로 말미암아 구원에 이르는 지혜가 있게 하느니라 16 모든 성경은 하나님의 감동으로 된 것으로 교훈과 책망과 바르게 함과 의로 교육하기에 유익하니 (디모데후서 3장)

모든 성경은 하나님의 감동으로 기록된 것입니다. 감동(영감)이란 말은 성경 말씀을 기록할 사람에게 성령님이 임하셔서 그들의 개성은 빼앗지 않으면서도 동시에 그들을 주관하여 그들의 기록이 하나님 자신의 말씀이 되게 하셨다는 뜻입니다. 그러므로 성경은 살아계신 하나님의 말씀입니다. 하나님께서 성경을 기록하신 목적은 사람들로 하여금 예수 그리스도를 믿음으로 구원에 이르는 지혜를 얻게 하는 것에 있습니다. 하나님은 모든 사람이 구원을 받으며 진리를 알기를 원하십니다.

하나님은 모든 사람이 구원을 받으며 진리를 아는 데에 이르기를 원하시느니라 (디모데전서 2:4)

성경을 열면 그 첫 말씀을 통해 하나님께서는 자신이 어떤 분인지를 우리에게 말씀해 주십니다. "태초에 하나님이 천지를 창조하시니라"(창세기 1:1). 이 말씀은 성경 전체의 시작이며 성경 전체를 이해하는 열쇠입니다. 영원부터 계셨던 하나님께서 시간을 시작하게 하시고 우주와 그 가운데 있는 만물을 지으셨습니다. 이 우주에 존재하는 모든 것이 하나님이 계심으로 말미암아 존재하게 되었습니다. 성경 예언을 살펴보면서 우리는 하나님께서 존재하실 뿐만 아니라 살아계셔서 세상 역사와 우리의 인생을 주관하신다는 것을 알 수 있었습니다.

[20] 다니엘이 말하여 이르되 영원부터 영원까지 하나님의 이름을 찬송할 것은 지혜와 능력이 그에게 있음이로다 [21] 그는 때와 계절을 바꾸시며 왕들을 폐하시고 왕들을 세우시며 지혜자에게 지혜를 주시고 총명한 자에게 지식을 주시는도다 (다니엘서 2장)

하나님은 성경과 하나님이 창조하신 만물을 통해서 하나님의 영원하신 능력과 신성(하나님의 성품)을 분명하게 보여주셨고 알게 하셨습니다. 그러므로 사람이 핑계를 댈 수 없다고 하나님은 선언하십니다(로마서 1:20~21). 하나님은 세상을 창조하실 때에 맨 마지막 창조의 절정에 '하나님의 형상대로' 사람을 창조하셨습니다. 하나님께서 보시기에 심히 좋았습니다.

하나님이 자기 형상 곧 하나님의 형상대로 사람을 창조하시되 남자와 여자를 창조하시고 (창세기 1:27)

하나님은 우주와 그 가운데 만물을 창조하셨기에 천지 만물의 주인이시며 다스리는 통치자이십니다. 또한, 모든 사람에게 생명과 호흡과 필요한 모든 것을 주시는 분이십니다(사도행전 17:24~25). 그러므로 하나님에 의해 창조된 사람은 전적으로 그분께 의존해 있습니다. 생명의 근원 되신 하나님을 떠나는 것이 곧 죽음이며 영원한 파멸입니다. 그는 우리 인생에 대한 절대권을 행사하실 수 있는 주인(주님)이십니다. 당신은 당신을 창조하신 하나님께서 당신의 주인이심을 인정하고 있습니까? 지음 받은 우리 인생이 창조주 하나님을 믿고 섬기는 것은 인간으로서의 가장 합당한 본분이며 도리입니다. 그러나 당신이 하나님을 주인으로 인정하지 않고 당신이 그분의 자리에 앉아서 당신 마음대로 살아왔다면 그것이이야 말로 당신이 그분께 지을 수 있는 가장 큰 죄입니다.

영국의 철저한 무신론자인 리처드 도킨스(Richard Dawkins)는 런던 버스에 "하나님은 없다"라는 광고 문구를 게시하였습니다. "아마도 하나님은 없는 것 같습니다. 이제 걱정을 멈추시고 인생을 즐기십시오." 하나님은 사람의 생각이 행동을 낳는다고 말씀하셨습니다(잠언 23:7). 그는 창조주 하나님의 존재를 인정하게 되면 그에 걸맞게 행동해야 하는 도덕적인 책임이 뒤따른다는 것을 알고 있었습니다. 그 때문에 하나님이 없다고 주장한 것입니다. 무신론자들조차도 하나님께서 계시고, 하나님께서 사람을 창조하셨다면 사람이 하나님의 말씀을 믿고 순종하는 것이 지극히 당연하다는 것을 알고 있는 것입니다.

하나님을 믿고자 하는데 증거가 충분하지 않아서 믿지 못하는 것이 아닙니다. 정직한 마음으로 하나님을 찾는 사람이라면 진리의 말씀인 성경과 하나님이 만드신 창조 세계를 살펴볼 때 그 충만한 증거로 인해 감동을 받지 않을 수 없을 것입니다. 그러나 우리가 명백한 증거가 있는데도 불구하고 믿지 않겠다고 한다면 그 고집은 인간이 하나님께 지을 수 있는 가장 큰 죄가 되는 것입니다. 왜 사람들은 하나님이 없다고 주장하고 있는 것일까요? 하나님께서 계신 것이 이 사람들에게 왜 걱정이 될까요? 사람을 창조하신 분이 하나님이라는 것을 인정한다면 그 사람은 하나님께서 사람을 심판하실 수 있는 분이심을 인정하고 있는 것입니다. 또한,

지음 받은 사람이 자기의 창조주를 믿고 섬기지 않는다면 그것이 심판받을 죄이며 이 죄로 인해 형벌 받는 지옥에 가는 것은 당연함을 인정하게 되는 것입니다.

당신이 믿는다고 하여 어떤 사실이 진리가 되고 당신이 믿지 않는다고 하여 진리가 거짓이 되는 것이 아닙니다. 진리는 당신이 믿든지 믿지 않든지 진리입니다. 진리를 믿지 않고 회개하지 않는 사람에게 성경은 강하게 경고하고 있습니다.

4 혹 네가 하나님의 인자하심이 너를 인도하여 회개하게 하심을 알지 못하여 그(하나님)의 인자하심과 용납하심과 길이 참으심이 풍성함을 멸시하느냐 5 다만 네 고집과 회개하지 아니한 마음을 따라 진노의 날 곧 하나님의 의로우신 심판이 나타나는 그 날에 임할 진노를 네게 쌓는도다 (로마서 2장)

죄는 근본적으로 하나님을 자신의 주인으로 모시지 않는 것을 의미합니다. 당신이 하나님을 당신의 주인으로 모시지 않았다면 하나님과의 관계가 잘못된 것입니다. 성경은 "그들이 마음에 하나님 두기를 싫어하매"

다양한 죄를 짓게 되었다고 말씀하십니다(로마서 1:28). 죄의 뿌리는 하나님을 자신의 주인으로 모시지 않는 것입니다. 하나님과의 관계가 근본적으로 잘못되었기 때문에 다양한 죄의 열매를 맺고 사는 것입니다. 당신이 죄를 범하기 때문에 죄인이 된 것이 아니라 당신이 하나님을 떠난 죄인이기 때문에 자연스럽게 죄를 짓는 것입니다. 사과가 열리기 때문에 사과나무가 아니라 근본적으로 사과나무이기 때문에 사과 열매를 맺을 수밖에 없는 것과 같습니다. 우리는 죄악된 마음과 행위를 극복해보려고 노력하지만, 우리의 노력으로 죄를 극복할 수가 없음을 우리는 압니다. 우리 자신의 행위로는 결코 구원받을 수 없는 존재입니다.

성경은 "한번 죽는 것은 사람에게 정해진 것이요 그 후에는 심판이 있다"고 말씀하십니다(히브리서 9:27). 하나님을 떠난 인생에게는 죽음 이후에 심판이 있다고 경고하십니다. 그리고 심판 이후에는 영원한 지옥 형벌이 있음을 말씀하십니다. 사람들의 행위와 은밀한 것을 심판하시는 하나님께서 모든 사람이 죄를 범했다고 선언하십니다.

모든 사람이 죄를 범하였으매 하나님의 영광에 이르지 못하더니 (로마서 3:23)

죄의 열매를 더 많이 맺는 "더 악한 죄인"이 있는가 하면, 죄의 열매를 더 적게 맺는 "덜 악한 죄인"은 있을지라도, 죄를 짓지 않은 사람은 한 사람도 없습니다. 성경은 모든 사람이 하나님 앞에서 죄인이라고 선언합니다. 당신은 하나님께서 보실 때 자신이 죄인임을 인정하십니까? 아니면 내가 죄인인 것을 인정하지만 그래도 다른 사람들과 비교할 때 나는 그리 심각한 죄인은 아니라고 자신의 죄인 됨을 부인하고 있습니까? 죄질의 경중은 있을지 모르겠지만, 천지를 창조하시고 다스리시는 모든 왕의 왕이시며 모든 주의 주이신 하나님을 자신의 주인(주님)으로 받아들이지 않는 죄보다 더 큰 죄가 있을까요? 우리는 하나님을 주인으로 받아들이기를 거절했기 때문에 우리의 마음이 죄로 인해 부패하게 되어 더러워졌습니다. 우리는 죄 가운데 빠져 아무 소망이 없는 상태로 전락했습니다. 그로 인해 하나님의 진노 아래 놓이게 되었습니다.

그러므로 죽음 이후에 죄인은 하나님의 심판대 앞에 서야 합니다. 심판대에서는 죽은 자들이 자기 행위를 따라 책들에 기록된 대로 심판을 받게 될 것입니다(요한계시록 20:12). 각 사람이 자기의 행위대로 심판을 받고 지옥 불못에 던져진다고 말씀하십니다(요한계시록 20:14).

당신은 오늘 이 시간 죽음을 맞게 된다면 당신의 영혼은 천국에 갈 확신이 있으십니까? 이 질문은 어떤 사람에게는 기쁨이 되고, 어떤 사람에게는 두려움이 됩니다. 당신은 어느 쪽입니까? 당신이 갈 곳은 한 곳밖에 없습니다. 만약 천사들에게 받들려 천국에 가서 하나님을 찬양하지 않는다면, 당신은 하나님에게서 쫓겨나 정죄 받는 자들과 함께 고통받는 지옥에 들어갈 수밖에 없습니다.

1 여호와의 손이 짧아 구원하지 못하심도 아니요 귀가 둔하여 듣지 못하심도 아니라 2 오직 너희 죄악이 너희와 너희 하나님 사이를 갈라놓았고 너희 죄가 그의 얼굴을 가리어서 너희에게서 듣지 않으시게 함이니라 (이사야 59장)

성경은 우리의 죄 때문에 하나님과의 관계가 단절되었다고 말하고 있습니다. 우리의 죄 때문에 창조주 하나님의 진노를 살 수밖에 없는 상태로 전락했습니다. 당신은 하나님께로 돌아가야 하며, 관계를 회복해야 합니다. 이 죄를 해결하지 않고서는 하나님께로 갈 수 없습니다. 달리 말하면, 나의 죄 문제를 해결해야만 하나님과의 단절된 관계를 회복할 수 있는 것입니다.

당신은 하나님과의 관계가 잘못되었음을 인정하십니까? 스스로 하나님의 말씀으로 자신을 판단해보고, 자신이 하나님 앞에서 죄인임을 인정하십니까? 자신의 죄를 해결 받고 하나님과의 관계를 회복하시기를 원하십니까? 그렇다면 하나님 앞에서 자신의 죄를 인정하고 회개해야 합니다. 자신의 죄를 깨달았던 세리는 "멀리 서서 감히 눈을 들어 하늘을 쳐다보지도 못하고 다만 가슴을 치며 이르되 하나님이여 불쌍히 여기소서 나는 죄인이로소이다"라고 하였습니다(누가복음 18:13). 하나님은 자신이 하나님께 지은 죄로 인해 아파하고 하나님께로 돌이키는 자를 불쌍히 여겨주시고 그에게 은혜를 베푸십니다. 성경은 자신의 죄를 인정하고 하나님께로 돌아오는 자들에게 이렇게 말씀하십니다.

악인은 그의 길을, 불의한 자는 그의 생각을 버리고 여호와께로 돌아오라 그리하면 그가 긍휼히 여기시리라 우리 하나님께로 돌아오라 그가 너그럽게 용서하시리라 (이사야 55:7)

당신이 하나님 앞으로 돌아와 구원받기를 원하십니까? 먼저 죄인임을 인정하시고 죄를 회개해야 합니다.

그러므로 너희가 회개하고 돌이켜 너희 죄 없이 함을 받으라 이같이 하면 새롭게 되는 날이 주 앞으로부터 이를 것이요 (사도행전 3:19)

회개는 인간이 자신의 주인이신 하나님을 버리고 하나님 자리에 앉아 주인 노릇을 하며 온갖 죄를 범하고 살았기 때문에 범죄 이전 상태로 돌아가는 것입니다. 그것은 하나님이 주인이시고 자신은 피조물의 자리로 돌아가는 것입니다. "회개하라"라는 말은 인간이 스스로 하나님이 되어 자신이 주인 노릇을 하며 자기 마음대로 산 죄를 깨닫고 돌이키는 것입니다. 참된 회개는 후회나 자책감을 갖는 것이 아니라 본래 상태로 돌아가 창조주 하나님을 자신의 주인으로 받아들이는 것입니다. 회개하십시오. 진실하게 회개한 자만이 죄 없이 함을 받을 수 있습니다. 당신이 창조주 하나님을 믿고 그 권위에 순종하기로 하셨다면 이제 하나님의 말씀을 들으십시오.

하나님은 사랑이시기 때문에 사람을 죄와 지옥 형벌에서 구원하여주시기를 원하십니다. 그러나 하나님은 사랑이시기도 하지만 공의로우신 분이십니다. 하나님은 죄에 대해서 반드시 심판하시고 처벌하셔야만 하는 공의로운 심판주이십니다. 죄인을 사랑하시는 하나님께서 동시에 죄를 처벌하셔야만 하는 하나님의 공의를 어떻게 만족하게 할 수 있을까요?

미국 로스앤젤레스에서 있었던 한 사건을 들으면서 하나님의 마음을 깨달을 수 있었습니다. 한 여대생이 고속도로에서 과속 질주를 하다가 경찰관에게 체포되어 즉결재판을 받게 되었습니다. 그녀가 두렵고 떨리는 마음으로 법정에 들어섰을 때 너무나도 놀란 것은 그날 죄인을 심리하고 판결하는 판사가 바로 그녀의 아버지였던 것입니다. 이 딸은 과연 처벌을 받을까요? 만약 이 재판관이 죄를 범한 다른 사람은 처벌하고, 자신의 딸이라고 하여 법대로 처벌하지 않는다면 그는 불의한 재판관일 것입니다. 아버지가 딸을 사랑하지 않기 때문에 처벌하는 것이 아니라, 딸을 사랑함에도 불구하고 죄에 대해서 공의롭게 판결할 수밖에 없는 것입니다. 이 재판관은 딸이 범한 죄에 대하여 벌금형 판결을 내린 후에 법복을 벗고 형을 집행하는 보안관 앞에 섰습니다. 재판관의 신분이 아니라 딸을 사랑하는 아버지로 딸이 지불해야할 죄의 값을 아버지가 대신 지불함으로써 딸은 죄와 형벌에서 자유를 얻게 되었습니다. 아버지가 죄의 값을 갚는 순간 딸은 아버지에게로 인도되었고, 아버지 집에 함께 갈 수 있었던 것입니다. 필자는 이 사건을 읽는 순간 나를 사랑하셔서 하나님의 독생자를 세상에 보내신 하나님을 떠올리게 되었습니다.

16 하나님이 세상을 이처럼 사랑하사 독생자를 주셨으니 이는 그를 믿는 자마다 멸망하지 않고 영생을 얻게 하려 하심이라 17 하나님이 그 아들을 세상에 보내신 것은 세상을 심판하려 하심이 아니요 그로 말미암아 세상이 구원을 받게 하려 하심이라 (요한복음 3장)

죄인 된 인간의 최후를 아시는 하나님께서는 죄인을 사랑하십니다. 그분은 멸망하는 영원한 지옥에 들어갈 수밖에 없는 죄인을 구원하시려고 자신의 독생자를 보내 주셨습니다. 성경은 "미쁘다 모든 사람이 받을 만한 이 말이여 그리스도 예수께서 죄인을 구원하시려고 세상에 임하셨다"라고 하였습니다(디모데전서 1:15).

오직 이것을 기록함은 너희로 예수께서 하나님의 아들 그리스도이심을 믿게 하려 함이요 또 너희로 믿고 그 이름을 힘입어 생명을 얻게 하려 함이니라 (요한복음 20:31)

예수님은 누구십니까? 예수님은 하나님의 아들 그리스도이십니다. 예수님이 하나님의 아들로서 나의 죄를 담당하시고 십자가에서 이루 말할 수 없는 고통을 당하시고 죽으셨습니다. 그 이유는 당신을 사랑하시기 때문입니다. 그분이 이 땅에 육신을 입고 오시기 700년 전에 선지자 이사야를 통해서 이렇게 예언하셨습니다.

13 보라 내 종이 형통하리니 받들어 높이 들려서 지극히 존귀하게 되리라 14 전에는 그의 모양이 타인보다 상하였고 그의 모습이 사람들보다 상하였으므로 많은 사람이 그에 대하여 놀랐거니와 15 그가 나라들을 놀라게 할 것이며 왕들은 그로 말미암아 그들의 입을 봉하리니 이는 그들이 아직 그들에게 전파되지 아니한 것을 볼 것이요 아직 듣지 못한 것을 깨달을 것임이라 (이사야 52장)

이 예언된 하나님의 종은 지극히 존귀하게 되기 전에 먼저 끔찍한 고난을 당합니다. 그 종이 너무 상하여 사람인지 짐승인지조차 구별하기 힘들 정도로 고난을 당합니다. 많은 사람이 그 종의 상한 모습을 보고 다들 놀랄 것입니다. 그러나 하나님으로부터 그가 지극히 존귀하게 되어 전 세계 왕들과 지도자들의 경배를 받게 될 것입니다. 고난 받는 그 종은 누구일까요?

¹ 우리가 전한 것을 누가 믿었느냐 여호와의 팔이 누구에게 나타났느냐 ² 그는 주 앞에서 자라나기를 연한 순 같고 마른 땅에서 나온 뿌리 같아서 고운 모양도 없고 풍채도 없은즉 우리가 보기에 흠모할 만한 아름다운 것이 없도다 ³ 그는 멸시를 받아 사람들에게 버림받았으며 간고를 많이 겪었으며 질고를 아는 자라 마치 사람들이 그에게서 얼굴을 가리는 것 같이 멸시를 당하였고 우리도 그를 귀히 여기지 아니하였도다 ⁴ 그는 실로 우리의 질고를 지고 우리의 슬픔을 당하였거늘 우리는 생각하기를 그는 징벌을 받아 하나님께 맞으며 고난을 당한다 하였노라 ⁵ 그가 찔림은 우리의 허물 때문이요 그가 상함은 우리의 죄악 때문이라 그가 징계를 받으므로 우리는 평화를 누리고 그가 채찍에 맞으므로 우리는 나음을 받았도다 ⁶ 우리는 다 양 같아서 그릇 행하여 각기 제 길로 갔거늘 여호와께서는 우리 모두의 죄악을 그에게 담당시키셨도다 ⁷ 그가 곤욕을 당하여 괴로울 때에도 그의 입을 열지 아니하였음이여 마치 도수장으로 끌려가는 어린 양과 털 깎는 자 앞에서 잠잠한 양 같이 그의 입을 열지 아니하였도다 ⁸ 그는 곤욕과 심문을 당하고 끌려갔으나 그 세대 중에 누가 생각하기를 그가 살아 있는 자들의 땅에서 끊어짐은 마땅히 형벌 받을 내 백성의 허물 때문이라 하였으리요 ⁹ 그는 강포를 행하지 아니하였고 그의 입에 거짓이 없었으나 그의 무덤이 악인들과 함께 있었으며 그가 죽은 후에 부자와 함께 있었도다 ¹⁰ 여호와께서 그에게 상함을 받게 하시기를 원하사 질고를 당

하게 하셨은즉 그의 영혼을 속건제물로 드리기에 이르면 그가 씨를 보게 되며 그의 날은 길 것이요 또 그의 손으로 여호와께서 기뻐하시는 뜻을 성취하리로다 11 그가 자기 영혼의 수고한 것을 보고 만족하게 여길 것이라 나의 의로운 종이 자기 지식으로 많은 사람을 의롭게 하며 또 그들의 죄악을 친히 담당하리로다 12 그러므로 내가 그에게 존귀한 자와 함께 몫을 받게 하며 강한 자와 함께 탈취한 것을 나누게 하리니 이는 그가 자기 영혼을 버려 사망에 이르게 하며 범죄자 중 하나로 헤아림을 받았음이니라 그러나 그가 많은 사람의 죄를 담당하며 범죄자를 위하여 기도하였느니라 (이사야 53장)

이사야 53장은 거짓이 없는 의로운 하나님의 종을 그리고 있습니다(9절, 11절). 그는 하나님께 맞고(4절), 고난을 당하고(4절), 찔리고(5절), 상하고(5절), 채찍에 맞고(5절), 곤욕을 당하고(7절), 괴롭힘을 당하고(7절), 도살장으로 끌려가는 어린 양과 같았고(7절), 심문을 당하고(8절), 끌려갔고(8절), 살아있는 자들의 땅에서 끊어졌고(8절), 무덤에 장사 되었고(9절), 자원하여 자기 목숨을 죽음에 내놓았고(12절), 죽을 때 범죄자 중에 하나처럼 되었습니다(12절). 이 모든 구절들이 누구를 가리키고 있습니까? 바로 하나님의 아들 예수 그리스도를 말씀하고 있습니다. "우리는 다 양 같아서 그릇행하여 각기 제 길로 갔거늘 여호와께서는 우리 모두의 죄악을 그에게 담당시키셨도다"(이사야 53:6). 우리는 목자를 떠난 양처럼 하나님을 떠나서 길을 잃고 죄악 가운데 방황했습니다. 우리가 죄악 가운데서 하나님을 적대하며 원하는 대로 살았음에도 불구하고 하나님은 우리를 사랑하셨습니다. 하나님은 우리 모두의 죄악을 하나님의 아들 그리스도에게 담당시키셨습니다. 또한, 그리스도는 하나님의 뜻에 자발적으로 순종하셔서 "자기 영혼을 버려 사망에 이르게" 되었습니다(이사야 53:12).

22 그는 죄를 범하지 아니하시고 그 입에 거짓도 없으시며 23 욕을 당하시되 맞대어 욕하지 아니하시고 고난을 당하시되 위협하지 아니하시고 오직 공의로 심판하시는 이에게 부탁하시며 24 친히 나무에 달려 그 몸으로 우리 죄를 담당하셨으니 이는 우리로 죄에 대하여 죽고 의에 대하여 살게 하려 하심이라 그가 채찍에 맞음으로 너희는 나음을 얻었나니 25 너희가 전에는 양과 같이 길을 잃었더니 이제는 너희 영혼의 목자와 감독 되신 이에게 돌아왔느니라 (베드로전서 2:24)

예수 그리스도는 죄를 범하지 않은, 거짓이 없으신, 의로우신 하나님의 아들이십니다. 예수 그리스도께서 우리의 죄를 담당하시고, 죄인에게 내려져야 할 하나님의 저주를 친히 십자가에 달려 그 몸으로 받아주셨습니다. "그리스도께서도 단번에 죄를 위하여 죽으사 의인으로서 불의한 자를 대신하셨으니 이는 우리를 하나님 앞으로 인도하려 하심이라"(베드로전서 3:18). 이것은 바로 이사야 53장 예언의 성취입니다.

이사야 53장에 예언된 우리의 죄악을 친히 담당하기 위해 고난받는 하나님의 종은 바로 예수 그리스도이십니다. 그분은 하나님의 아들 그리스도이심이 증명되었습니다. 예수님은 하나님의 아들로서 우리를 사랑하셔서 우리의 죄를 담당하시고 채찍질을 당하시고 십자가에 못 박혀 죽으셨습니다. 그분은 의인으로서 불의한 자인 우리를 대신하여 죽으심으로 우리가 하나님 앞으로 나아갈 구원의 길을 열어 놓으셨습니다. 당신이 만약 이 놀라운 사랑이 당신 자신을 위한 것이라고 믿는다면, 당신은 예수 그리스도 앞에 무릎을 꿇고 "하나님이여 불쌍히 여기소서 나는 죄인입니다(누가복음 18:13)"라고 고백하며 나의 죄를 담당해주셔서 하나님께로 나아가는 구원의 길을 열어주신 이 예수님을 내 주님(주인)으로 모시고 그분의 영광을 위해 살기를 원하게 될 것입니다.

또한, 예수님은 "세상 죄를 지고 가는 하나님의 어린 양"(요한복음 1:29)으로 십자가에서 죽으셨습니다. 구약시대에는 죄인이 죄 사함을 받기 위해서는 죄인을 대신하여 동물이 피 흘려 죽어야만 했습니다. 죄 사함을 받기 위해 드리는 이 제사를 "속죄제"라고 합니다(레위기 4:27~35). 어떤 사람이 자신이 하나님 앞에서 범한 죄를 깨닫게 되면 죄 사함을 받기위해 속죄제를 드립니다. 죄를 범한 사람은 그 동물에게 안수함으로써 분명하게 그 자신을 그 동물과 동일시(똑같이 여기다) 하였으며, "그 제물이 자신을 대신한다"는 것을 엄숙하게 표시하였습니다. 하나님께서는 그가 안수할 때 제사 드리는 자의 죄가 그 동물에게로 "넘어가는 것"으로 여겨주셨습니다. 이제 죄를 범한 사람이 직접 칼을 들어 "자기의 죄를 담당한 속죄제물"을 찌르게 됩니다. 제물이 고통스럽게 피를 흘리고 죽음에 이르는 모습을 보면서 "죄에 대한 형벌은 사망"이라는 사실을 깊이 깨닫게 됩니다. 이제 제사장은 그 피를 제단에 바르고 뿌립니다. 제사장은 피가 뿌려지면 이제 이 사람의 죄가 사하여졌다고 선언을 합니다. 그러나 동물을 희생하여 드리는 제사는 능히 죄를 완전히 없애지 못하였습니다(히브리서 10:4). 그 이유는 구약의 속죄제가 "장차 올 좋은 일의 그림자"일뿐이고 실체는 예수 그리스도이기 때문입니다(히브리서 10:1).

11 그리스도께서는 장래 좋은 일의 대제사장으로 오사 손으로 짓지 아니한 것 곧 이 창조에 속하지 아니한 더 크고 온전한 장막으로 말미암아 12

염소와 송아지의 피로 하지 아니하고 오직 자기의 피로 영원한 속죄를 이루사 단번에 성소에 들어가셨느니라 (히브리서 9장)

예수 그리스도는 죄가 없으므로 자신을 위한 속죄제사가 필요치 않았습니다. 예수님께서 십자가에서 흘리신 피는 염소나 송아지와 같은 동물의 피가 아니라 하나님의 아들이신 그리스도의 피였습니다. 이는 예수님이 (동물이 아니라) 자기 자신을 (반복적으로가 아니라) 단번에 십자가에 드리심으로써, 자기의 피로 영원한 속죄를 이루어주셨습니다. 이제 이 예수님을 믿음으로 하나님 앞에 당당하게 나아감을 얻게 된 것입니다. 또한, 이 "예수님의 피가 우리의 더러워진 양심을 깨끗하게 하고 살아계신 하나님을 섬길 수 있도록" 하나님과의 관계를 회복하여 주셨습니다(히브리서 9:14).

예수님은 하나님의 고난받는 종으로 우리 죄를 십자가에서 담당하셨으며, 또한 세상 죄를 지고 가는 하나님의 어린 양이 되셔서 자신의 피로 영원한 속죄를 이루어주셨습니다. 예수님은 "영원한 언약"을 세우셨는데, 이 언약에는 '저희 죄와 저희 불법을 다시 기억하지 아니하리라'는 약속이 포함되어 있습니다(히브리서 10:17). 또한 '이것들을 사하셨은즉 다시 죄를 위하여 제사 드릴 것이 없다'고 선언하십시다(히브리서 10:18).

예수님은 십자가에서 죽으시고 끝난 것이 아닙니다. 예수님은 무덤에 장사 되었습니다. 그러나 구약 성경의 예언대로 사흘 후에 다시 살아났습니다. 예수님의 부활과 관련된 부인할 수 없는 네 가지 역사적 사실이 있습니다. 예수님은 십자가에서 죽으시고 무덤에 장사 되었습니다. 그리고 사흘 후에 예수님의 무덤은 시체가 없어진 빈 무덤으로 발견되었습니다. 예수님을 따르던 여인들과 제자들 그리고 무덤을 지키던 로마의 군인들이 예수님의 무덤이 비어 있음을 확인하였습니다. 예수님이 부활하신 후에 수많은 사람이 부활하신 예수님을 만났다고 증언하였습니다(고린도전서 15:3~11).[62]

이제 예수님의 제자들에게로 눈을 돌려 봅시다. 예수님이 십자가에 달리셨을 때에 제자들은 두려워서 시신을 장사지내는 곳에 나타나지 않았습니다. 그들은 다락방에서 문을 닫아걸고 숨죽이고 있었습니다. 그런 그들이 방문을 열고 뛰쳐나가 핍박과 순교를 기꺼이 감수하면서 예수님의 죽으심과 부활을 전했습니다. 무엇이 그들을 극적으로 변화시킨 것일까

---

62) 김종만. 하나님을 찾는 지성인. 개정 2판, 밀스톤, 2019. p246-261.

요? 그것은 그들이 부활하신 예수님을 보았기 때문입니다. 달리 무엇으로 설명할 수 있겠습니까? 누가 거짓인 줄 알면서도 거짓을 위해 기꺼이 목숨을 버리는 사람이 있을까요?

예수는 우리가 범죄한 것 때문에 내줌이 되고 또한 우리를 의롭다 하시기 위하여 살아나셨느니라 (로마서 4:25)

성경대로 예수 그리스도께서 당신이 범한 죄 때문에 십자가에 자신을 내어주셨고, 삼 일 만에 부활하심으로 당신의 모든 죄를 다 용서해 놓으셨습니다. 하나님은 죽었던 예수님을 살리셔서 그를 영화롭게 하셨고 높이셨습니다(사도행전 3:13, 2:33). 이것이 바로 이사야 52장에서 하나님의 종이 고난받은 후에 그를 "받들어 높이 들려서 지극히 존귀하게 되리라"라고 하신 예언의 성취입니다.

⁸ 우리가 살아도 주를 위하여 살고 죽어도 주를 위하여 죽나니 그러므로 사나 죽으나 우리가 주의 것이로다 ⁹ 이를 위하여 그리스도께서 죽었다가 다시 살아나셨으니 곧 죽은 자와 산 자의 주가 되려 하심이라 (로마서 14장)

하나님은 예수 그리스도의 죽었다가 다시 살아나심으로 죽은 자와 산자의 주(주인)가 되게 하셨습니다. 모든 사람이 입으로 다시 사신 예수 그리스도를 주로 시인하게 될 것입니다(빌립보서 2:11). 믿는 자들은 살아있는 이 땅에서, 믿지 않는 자들은 심판대에서 심판의 주로 고백하게 될 것입니다.

당신이 하나님을 믿지 않은 죄인임을 깨달으십니까? 당신이 정말 죄 사함 받고 구원받아 하나님과의 관계를 회복하기를 원하십니까? 당신이 구원받으려면 반드시 죄를 고백하고 회개해야 합니다. 회개는 "하나님께 대한 회개"입니다(사도행전 20:21). 예수님은 "죄에 대하여라 함은 그들이 나를 믿지 아니함이요"라고 말씀하셨습니다(요한복음 16:9). 이것은 하나님의 아들 그리스도로 오신 예수님을 믿는 것을 거부하는 죄에 대한 심판입니다. 당신은 지금까지 예수 그리스도를 믿지 아니한 죄를 회개해야 합니다. 회개는 지금까지 당신의 주인이신 하나님을 믿지 아니하고 거절하며 적대한 근본적인 죄를 버리는 것이며, 거룩하고 완전하신 예수 그리스도 앞에서 우리의 죄가 얼마나 무섭고 끔찍한 것인지 온 마음으로 절실히 깨닫는 것을 말합니다. 진정으로 회개를 한 사람은 믿지 아니한 죄에서 돌이켜 하나님께로 돌아갑니다. 이제 하나님의 말씀을 전적으로 믿고 의지하게 됩니다.

당신이 회개했다면 "우리 주 예수 그리스도에 대한 믿음"을 가져야만 합니다(사도행전 20:21).

30 그들을 데리고 나가 이르되 선생들이여 내가 어떻게 하여야 구원을 받으리이까 하거늘 31 이르되 주 예수를 믿으라 그리하면 너와 네 집이 구원을 받으리라 하고 (사도행전 16장)

하나님은 당신을 사랑하셔서 하나님의 아들 예수님을 이 땅에 보내주셨습니다. 예수님은 하나님의 뜻에 순종하셔서 자발적으로 십자가를 지심으로 당신의 죄를 담당하셨고, 십자가에서 흘리신 보배로운 피로 당신의 죄에 대해 속죄하시되 영원한 속죄를 이루어주셨습니다. 예수님이 무덤에 장사 되셨지만, 하나님께서 예수님을 다시 살리심으로 그를 영화롭게 하시고 높이 올리셨습니다. 이제 모든 사람의 주인이 되게 하신 것입니다.

9 네가 만일 네 입으로 예수를 주로 시인하며 또 하나님께서 그를 죽은 자

가운데서 살리신 것을 네 마음에 믿으면 구원을 받으리라 10 사람이 마음으로 믿어 의에 이르고 입으로 시인하여 구원에 이르느니라 (로마서 10장)

당신은 죄와 지옥으로부터 구원받으시길 원하십니까? 그렇다면 당신의 모든 죄를 십자가에서 대신 담당해 주신 구주(구원자)시요, 부활하셔서 살아계신 그리스도를 당신의 주님(주인)으로 시인해야 합니다. 성경은 "자기(예수님)에게 순종하는 모든 자에게 영원한 구원의 근원이 되신다"라고 말씀하십니다(히브리서 5:9). 죄 사함의 원리를 깨달았다고 주장할지라도 예수 그리스도를 주님으로 모시고 섬기겠다는 마음이 없다면 실제로 구원받은 것이 아닙니다. 구원받기 위해서는 죄 사함의 원리를 깨닫고 믿어야 하지만, 죄 사함의 원리를 머리로 깨달았다고 해서 구원받은 것은 아닙니다. 십자가의 고난과 죽음을 통해서 당신의 죄를 사함 받게 해 주신 이 하나님의 사랑에 감사한 마음이 있습니까? 아낌없이 자신을 십자가에 내어 주심으로 당신을 구원하여 주신 이 예수 그리스도를 사랑하고 예배하며 섬기고자하는 진실한 마음이 있습니까? 하나님은 예수 그리스도를 믿고 주님으로 영접하는 사람은 누구든지 구원하여 주시는 은혜를 베푸십니다.

아무리 훌륭한 선행도, 자기의 의로운 행위도, 어떠한 종교로도 당신을 구원 받게 할 수는 없습니다. "너희는 그 은혜에 의하여 믿음으로 말미암아 구원을 받았으니 이것은 너희에게서 난 것이 아니요 하나님의 선물이라 행위에서 난 것이 아니니 이는 누구든지 자랑하지 못하게 함이라"(에베소서 2:8, 9). 구원은 예수님을 믿는 자에게 주시는 하나님의 선물이며 값없이 베푸시는 하나님의 은혜입니다. 믿는 자의 구원은 처음부터 끝까지 오직 하나님의 은혜로 말미암은 것입니다. 그러므로 우리는 우리 자신의 행위를 자랑할 수 없습니다. 오직 우리를 구원하여 주신 예수 그리스도만을 자랑합니다.

영접하는 자 곧 그 이름을 믿는 자들에게는 하나님의 자녀가 되는 권세를 주셨으니 (요한복음 1:12)

예수 그리스도를 믿는 자들에게는 하나님의 자녀가 되는 권세를 주셨습니다. 하나님의 자녀라는 신분을 주셨을 뿐만 아니라 하나님 아버지의 능력을 힘입는 자녀로 살 수 있게 된 것입니다. "그러므로 자기(예수님)를 힘입어 하나님께 나아가는 자들을 온전히 구원하실 수 있으니 이는 그가 항상 살아계셔서 그들을 위하여 간구하심이라"(히브리서 7:25). 예수님은 자신을 힘입어 하나님께 나아가는 자들을 온전히 구원하실 수 있으십니다. 그 이유는 부활하신 예수님이 항상 살아계셔서 믿는 자들을 위하여 하나님 아버지께 간구하시기 때문입니다.

내가 진실로 진실로 너희에게 이르노니 내 말을 듣고 또 나 보내신 이를 믿는 자는 영생을 얻었고 심판에 이르지 아니하나니 사망에서 생명으로 옮겼느니라 (요한복음 5:24)

예수 그리스도를 믿는 사람들은 심판을 받지 아니하고 영원한 생명을 얻었다고 성경은 말씀하십니다. 그 이유는 예수님께서 십자가에서 우리가 받아야 할 심판과 형벌을 대신하여 받아주셨기 때문입니다. 또한, 예수님의 흘리신 피로 우리의 영원한 속죄를 이루어 주셨기 때문입니다. 당신이 예수님을 구주와 주님으로 영접하는 순간 당신의 죄에 대한 하나님의 심판은 영원히 사라지게 됩니다. 그러므로 믿는 자는 하나님의 심판을 받지 않습니다. 죽음 이후의 심판은 오직 구원받지 아니한 불신자들에게만 임하게 됩니다. 당신이 믿는 순간 당신은 사망에서 생명으로 옮겨지는 것입니다. 이 영광스런 복음의 진리로 인해 우리 주님을 찬양합시다. 우리를 구원하신 그 큰 능력으로 인해 주님을 경배합시다. 우리의 실제적인 삶을 통해 주님께 영광을 돌립시다.

　당신이 진실하게 구원받은 사람이라면 시빌 더피 마틴(C. D. Martin)이 작사한 찬송을 기쁨으로 부르게 될 것입니다.

　1. 내 죄 사함 받고서 예수를 안 뒤
　　나의 모든 것 다 변했네
　　지금 나의 가는 길 천국길이요
　　주의 피로 내 죄를 씻었네

　　(후렴) 나의 모든 것 변하고
　　그 피로 구속 받았네
　　하나님은 나의 구원되시오니
　　내게 정죄함 없겠네

　2. 주의 밝은 빛 되사 어둠 헤치고
　　나의 모든 것 다 변했네
　　지금 내가 주 앞에 온전케 됨은

주의 공로를 의지함이라

3. 내게 성령 임하고 그 크신 사랑
나의 맘에 가득 채우며
모든 공포 내게서 물리치시니
내 맘 항상 주 안에 있도다

이제 구원받은 당신은 어떻게 살아야 합니까? "내가 그리스도와 함께 십자가에 못 박혔나니 그런즉 이제는 내가 사는 것이 아니요 오직 내 안에 그리스도께서 사시는 것이라 이제 내가 육체 가운데 사는 것은 나를 사랑하사 나를 위하여 자기 자신을 버리신 하나님의 아들을 믿는 믿음 안에서 사는 것이라"(갈라디아서 2:20).

예수님이 나를 위하여, 나를 대신하여 십자가에 못 박혔기 때문에 죄인인 내가 십자가에 못 박혀 죽은 것입니다. 그분이 자기 몸을 십자가에 버리셨으나 지금 살아계십니다. 믿는 자는 그분의 죽음과 연합되었듯이, 이제 그분의 부활과 연합되었습니다. 그리스도 안에서 "이전 것은 지나갔고", "새 것이 되었습니다"(고린도후서 5:17). 그러므로 믿는 자는 예수님의 죽음 안에서 예수님과 연합되었기 때문에 구원받기 이전의 죄악된 생활은 끝났습니다. 우리는 다시 그 생활로 돌아갈 수 없습니다. 그 뿐만 아니라 우리는 이제 "내가 사는 것이 아니라 오직 내 안에 주님으로 오신 그리스도께서 사시는 것"입니다. 이는 우리가 다시는 죄를 지을 수 없다는 것이 아닙니다. 우리는 구원받은 이후 생활 가운데서 죄를 지을 수도 있습니다. 그러나 우리가 예수님을 믿을 때 우리 안에 오신 거룩한 성령님은 우리로 하여금 죄에 대해서 민감하게 하십니다. 구원받기 전에는 죄로 여기지 아니하던 것조차도 성령께서 하나님의 말씀을 일깨워주시며 죄를 깨닫게 하십니다. 또한, 믿는 자가 죄를 지을 때 우리 안에 거하시는 성령께서 우리 마음에 부담을 주시기에 우리는 죄 짓기를 원하지 않는다는 것입니다. 이제 구원받은 당신은 당신을 사랑하사 당신을 위하여 자기 자신을 버리신 하나님의 아들을 믿는 믿음 안에서 사는 것입니다.

예수 그리스도를 믿지 않는 것은 하나님의 은혜와 예수 그리스도의 십자가에 대한 모욕입니다. 예수 그리스도를 거절하는 것은 당신이 심판과 지옥형벌을 스스로 택하는 것과 같습니다. 그러나 당신이 하나님의 사랑을 깨닫고 예수 그리스도를 믿었다면 예수 그리스도가 당신 안에 실제로 거하시는 그리스도 안에서 새생활을 시작하는 것입니다.

History Proves
역사는 하나님을 증거한다

저　자	김종만
발 행 일	2024년 2월 14일
발 행 인	이상호
편집디자인	신가희
인　쇄	(주)이모션미디어
발 행 처	유한회사 밀스톤
	전라북도 정읍시 영원로 16
	www. millstone.kr
	063-537-8523
	millstone_b@naver.com

@도서출판 밀스톤은 다음 세대를 준비하고 세우기 위해 성경의 진리를 전하는 기독교 문서선교 기관입니다.